Robert K. Greenleaf

THE POWER OF SERVANT LEADERSHIP

サーバントであれ

奉仕して導く、リーダーの生き方

ロバート・K・グリーンリーフ
野津 智子 訳

英治出版

サーバントであれ

奉仕して導く、リーダーの生き方

The Power of
Servant Leadership

by Robert K. Greenleaf

Robert K. Greenleaf
1904-1990

ロバート・K・グリーンリーフは、AT&T でマネジメント研究、開発、教育に従事し、企業人として人生の大半を過ごした。マネジメント研究センター長を辞して同社を退職する少し前には、マサチューセッツ工科大学（MIT）スローン・スクールとハーバード・ビジネススクールの客員講師も務める。さらに、ダートマス大学やバージニア大学でも教鞭を執った。

コンサルティングを行った組織は、フォード財団をはじめ、MIT、R・K・メロン財団、リリー財団、マネジメント研究アメリカン財団など多数。

激動の 1960 年代から 1970 年代には、大学や企業、財団、教会にコンサルティングを行う傍ら、さまざまな分野へ好奇心を広げて読書をし、考えることにより、独自の予備知識を得て、そうした機関を観察するようになった。

生涯にわたって組織を研究するなかで、観察したことを「リーダーとしてのサーバント」というテーマで少しずつ小論（エッセイ）にして書くようになる。もっと思いやりのあるよりよい社会を築くために、考え、行動するきっかけをつくりたいと思ったのだった。

1990 年に生涯を閉じる。著作としては、本書のほかに『サーバントリーダーになる』、『求道者とサーバント』、『サーバントとしての教師』、『サーバントリーダーシップ』（英治出版）を執筆している。

本書に寄せられた推薦の言葉

●ピーター・M・センゲ　『学習する組織』（英治出版）

この三〇年間で、リーダーシップについての考え方にロバート・グリーンリーフほど大きな影響を与えた人はいない。広く活用可能なこのリーダーシップの質を客観的に判断したいなら、グリーンリーフの著作の読者や研究者がどれほど多いかを考えてみるといいだろう。

●ジョセフ・ジャウォースキー　『シンクロニシティ【増補改訂版】』（英治出版）

グリーンリーフによれば、サーバントリーダーをめざすすべての人にとって最も難しいのは、全体性（ホールネス）と自己発見をめざして個人的な旅を始めることだという。この深く格調の高い新たな小論集には、そうした旅に関するロバート・グリーンリーフの原点となる考え方が示されている。今まさに発展しつつあるリーダーシップパラダイムの、捉えにくい、しかし重要な側面に関心があるなら、ぜひ本書を読むべきである。

●マーガレット・J・ウィートリー　『リーダーシップとニューサイエンス』（英治出版）

本書でグリーンリーフの先見の明のある考えを知ることができるとは、実に素晴らしい。彼の著作を読むたび、私は畏怖を感じ、謙虚な気持ちになるのだ。およそ三〇年前に彼が明確に、かつ力強く書いた事柄は、現代においてなお私たちの意欲をかき立てる。今こそ、彼の洞察に基づいて行動すべきときであり、彼が雄弁に語る未来へと歩み出すのに、本書は大きな助けとなるだろう。

●ウォレン・ベニス『リーダーになる【増補改訂版】』（海と月社）

グリーンリーフは、リーダーシップを論じる人間として初めて、人間社会のほうが、結果や成功や利益よりはるかに大きな意味を持つものであることを主張した。私たちが存在しているのは、他人と協力して自分自身を超えた目的を達成し、この世のすべての人の役に立つためである、と彼は考えていたのだ。それが、思慮に富むこの小論集のテーマだ。二〇年ほどの間に書かれた小論が、ようやく一冊にまとめて出版されるときが来た。すべての人に恵みがあらんことを。

●マックス・デプリー『響き合うリーダーシップ』（海と月社）

本書は、サーバントリーダーシップ、魂、全体性（ホールネス）についてロバート・グリーンリーフが書いた珠玉の小論集である。今日、グリーンリーフの既存の作品に影響を受けてサーバントリーダーシップに傾倒する人や組織は、世界各地で増えてきている。ラリー・スピアーズによる「はじめに」によって深みを増している本書は、世界への思いがけない素晴らしい贈り物であり、間違いなく名著になるだろう。

●ジェームズ・M・クーゼス『リーダーシップ・チャレンジ』（海と月社）

ロバート・グリーンリーフの著作が他と一線を画しているのは、リーダーとして生きる上で最も重要なのは、ほかの人が成長し、幸せになることだと説いているところである。ずいぶん前に考え書かれたものであるにもかかわらずその著作はきわめて現代的であり、また経験から得た深い英知を使って、彼は意味と目的を探究するその本質へ、現代に生きるわれわれを導いてくれる。本書は師と仰ぐべき人の素晴らしい作品であり、読み終えたのちもずっとグリーンリーフの声はあなたの心の奥深くで響き続けるだろう。

本書は、*The Power of Servant Leadership*(Berrett-Koehler Publishers, 1998)
の邦訳ですが、権利者の許諾のもと、一部の章を割愛しております。

はじめに（編集者 ラリー・スピアーズ）

「サーバントリーダーは、第一にサーバント（奉仕者）である。はじめに、奉仕したいという気持ちが自然に湧き起こる。次いで、意識的に行う選択によって、導きたいと強く望むようになる。（中略）しっかり奉仕できているかどうかを判断するには、次のように問うのが最もよい。奉仕を受ける人たちが、人として成長しているか。奉仕を受けている間に、より健康に、聡明に、自由に、自主的になり、みずからもサーバントになる可能性が高まっているか」

——ロバート・K・グリーンリーフ『リーダーとしてのサーバント』

一九七〇年、サーバントリーダーシップをまずそのように定義して、ロバート・K・グリーンリーフは考えの種をまいたが、社会への影響力は年を経るごとに強くなってきている。実際、一九九〇年代には、サーバントリーダーシップに対する関心が一気に高まり、実践する人も急激に増えた。さまざまな意味で、グリーンリーフの洞察に、時代が今ようやく追いつき始めているると言えるだろう。

誕生して三〇年になるサーバントリーダーシップは、リーダーシップ及びマネジメントについての比類ない考え方であり、世界中の職場で静かな革命を起こし続けている。この「はじめに」では、サーバントリーダーシップという優れた考え方が、人々や職場にますます大きな影響をもたらしていることについて、ざっと述べることにしよう。

二一世紀を迎えようとしている今（※この本の原書は一九九八年に出版された）、多くの企業や非営利組織で変化が起きている。昔ながらの独裁的、階層的なリーダーシップから、チームワークやチームを基盤とするリーダーシップへ、シフトしてきているのだ。それは、意思決定にメンバーにもかかわってもらおうとするリーダーシップ、倫理的で思いやりのある行動を貫くリーダーシップ、働く人の個人的な成長を促すと同時に組織の質と思いやりを高めるリーダーシップでもある。この新たに生まれつつあるリーダーシップや奉仕に対するアプローチを、

「サーバントリーダーシップ」という。

「サーバント」と「リーダー」はふつう、対極にある言葉だと思われている。対極にある二つのものが建設的かつ有意義に一つに合わさると、逆説が生じる。つまり「サーバントリーダーシップ」は、「サーバント」と「リーダー」という二つの言葉が合わさって生まれた、逆説的な考えなのである。

ただ、サーバントリーダーシップの基本となる考えは、直観的に理解できるし、実際的でもある。歴史を振り返ってみると、産業革命が起きてからずっと、人々は長い間、物として見なされがちだった。組織は人々を、機械における歯車の歯であるかのように見なしていたのである。

しかしこの数十年の間に、長らく続いたそうした見方に変化が生じてきた。今では、ロバート・グリーンリーフやマーガレット・ウィートリー、スティーブン・コヴィー、ピーター・センゲ、ダナー・ゾーハー、マックス・デプリーら多くの人たちによって提唱される考え方が急速にスタンダードになりつつある。いずれも、二一世紀におけるよりよい組織経営の方法を説く人たちである。

今日、リーダーシップやマネジメントはもっとチーム重視で行う必要があるという認識が広がってきている。サーバントリーダーシップに関するグリーンリーフの著作はそうした動きを後押しし、その考え方は多くの人にいっそう大きな影響をもたらすようになっている。

「現代にはリーダーシップに関してさまざまなテクニックがあるが、本当に重要なことをグリーンリーフ以上に知っている人は一人もいない」

――『ワーキング・ウーマン』誌(一九九二年三月)

サーバントリーダーシップという言葉は、グリーンリーフが一九七〇年に書いた小論、『リーダーとしてのサーバント』のなかで初めて使われた。インディアナ州テレホートで生まれたグリーンリーフは、AT&Tでマネジメント研究、開発、教育に従事し、企業人として人生の大半を過ごした。

同社に四〇年勤めたのち、第二の人生の二五年間にはさまざまな組織――オハイオ大学、マサチューセッツ工科大学、フォード財団、R・K・メロン財団、ミード社、マネジメント研究アメリカン財団、リリー財団――にコンサルティングを行った。一九六四年に応用倫理学センターを創設。これは一九八五年にロバート・K・グリーンリーフ・センターと改称し、今ではインディアナポリスに本部を置いている。

生涯にわたって組織を、すなわち仕事の仕方を研究するなかで、彼は観察したことを「リーダーとしてのサーバント」というテーマで少しずつ小論にして書くようになった。もっと思いやりのあるよりよい社会を築くために、考え、行動するきっかけをつくりたいと思ったためだった。

サーバントリーダーという考えは、グリーンリーフが半世紀にわたって大組織の方向づけという仕事をするなかで生まれたと言っていいだろう。もっとも、その考えを具体的にしたのは、一九六〇年代にヘルマン・ヘッセの短編『東方巡礼』――スピリチュアルな探究を続ける人々が巡礼の旅をする物語――を読んだことだった。

物語の中心人物であるレーオは、召使い（サーバント）として一行とともに旅をし、心を砕いて一行に仕える。旅は滞りなく続くが、ある日レーオがいなくなると、たちどころに一行は混乱状態に陥り、旅は頓挫してしまう。そして、召使い（サーバント）のレーオがいなければ旅ができないことに、一行は気づく。何年も何年も捜したのちに、一行の一人でもある物語の語り手は不意にレーオに再会し、そもそもの旅の主催者である修道会へ連れていかれる。そして、召使い（サーバント）だと思われていたレーオが実は、修道会のリーダーであることを知る。

この短編を読んだグリーンリーフはこう考えるようになった。偉大なリーダーは、ほかの人たちにとって最初はサーバントとして経験されること、そしてそのシンプルな事実こそがリーダーの偉大さの真髄である、と。すなわち、本物のリーダーシップとは、他の人々の役に立ちたいという心からの願いが最大の動機になっている人から生まれるものなのである。

一九七〇年、六六歳のときに、グリーンリーフはサーバントリーダーシップについて書いた一〇冊ほどの小論や著書のうち、一作目となる『リーダーとしてのサーバント』を出版した。以来、世界各地で販売された彼の著書や小論は五〇万部を超える。少しずつ、しかし確実に、グリーンリーフのサーバントリーダーシップに関する著作は、リーダーや経営者、教育者をはじめ、リーダーシップやマネジメント、奉仕、心のあり方に関心を持つ多くの人々に、長い時間《とき》をかけて深い感銘を与え続けているのである。

どの作品においても、グリーンリーフは新たなタイプのリーダーシップ、すなわち、他者（従業員や顧客、コミュニティを含めた他者）への奉仕を最優先にしたリーダーシップの必要性を説いている。サーバントリーダーシップでは、ほかの人にもっと奉仕すること、仕事に対し全体的（ホリスティック）なアプローチをすること、共同体意識を高めること、職場での心のあり方について理解を深めることを重視するのである。

サーバントリーダーとはどんなリーダーなのだろう。グリーンリーフによれば、「サーバントリーダーは、第一にサーバントである」という。『リーダーとしてのサーバント』に、彼は次のように書いた。「はじめに、奉仕したいという気持ちが自然に湧き起こる。次いで、意識的に行う選択によって、導きたいと強く望むようになる。この変化は、サーバントとしてするべき気遣いのなかで――人々に何より必要なのは奉仕されることだと、まず確信するなかで――明らかになる。しっかり奉仕できているかどうかを判断するには、次のように問うのが最もよい。奉仕を受ける人たちが、人として成長しているか。奉仕を受けている間に、より健康に、聡明に、自由に、自主的になり、みずからもサーバントになる可能性が高まっているか」

サーバントリーダーシップは「お手軽な」アプローチではないことを、はっきり言っておこう。また、組織のなかにすぐさま浸透するものでもない。サーバントリーダーシップの根幹は、長い時間をかけて人生や仕事を――突きつめて言えば、あり方を――変える取り組みであり、社会全体に建設的な変化をもたらすものなのである。

「サーバントリーダーシップは、日常生活において権力がもたらす現実に――その正当性や、倫理上の制約や、権力の適切な使用によって得られる有益な結果に――取り組むものだ」

――『ニューヨーク・タイムズ』（一九九〇年一〇月二日）

私は、グリーンリーフ自身が書いたものを数年かけてじっくり読み込み、サーバントリーダーには次のような一〇の特徴があることに気がついた。いずれも、きわめて重要で、サーバントリーダーを育てる上で柱となるものである。

①傾聴

今も昔も、優れたリーダーは高いコミュニケーション力と意思決定力を持っている。この二つの能力はサーバントリーダーにとっても重要であり、他のメンバーの話を全力で傾聴することによって強固にする必要がある。サーバントリーダーは、グループの意志を見つけ出し、その意志を明確にしようと努力する。また、口に出して話されることに（そして話されないことにも）、ありのままに耳を傾けようとする。傾聴には、自分の内なる声と対話することや、身体と精神と心が交わす言葉を理解しようとすることも含まれる。傾聴は、折にふれてリフレクション（内省）することと同様、サーバントリーダーの成長に不可欠なものである。

②共感

サーバントリーダーは、メンバーの話を理解して共感することに、全力で取り組む。人間には、唯一無二の心のあり方があり、そのために受け容れられ、認められる必要があるのだ。サーバントリーダーは、メンバーが誠意から行動することを疑わず、メンバーの行動や仕事ぶりがとうてい容認できないという場合でも、メンバーを人としてはねつけることはない。サーバントリーダーのなかでもとくに優れている人は、親身に話を聞くことができる。

③癒し

人間関係をあるべき姿にすることは、組織を変革・統合する強い力になる。サーバントリーダーシップは素晴らしいものだが、わけても、自己を癒し、他のメンバーとの関係を本来の姿にしうる点は特筆に値するだろう。多くの人が心を壊し、さまざまな痛みを負ってきた。これは人間的だということではあるが、サーバントリーダーは、自分が関係する人たちに「全体性をもたらす」可能性を自分が持っていることを自覚している。『リーダーとしてのサーバント』のなかで、グリーンリーフは次のように述べている。「奉仕され導かれる人たちには、得も言われぬものが伝えられるだろう――サーバントリーダーとそのサーバントリーダーに導かれる人たちが、全体性（ホールネス）こそが両者の求めるものだと互いに理解するならば」

④気づき

広くさまざまなことに気づく力、とりわけ自己認識力を高めることによって、サーバントリーダーは成長する。気づきの力を高めようと努力するのは、恐ろしいことかもしれない――何を見つけるか、決してわからないからだ。気づきの力があると、倫理や価値観などの問題を理解しやすくなる。もっと統合的、全体的（ホリスティック）な立場に立って状況を見られるようにもなる。グリーンリーフは次のように述べた。「気づきは安堵を与えてくれるものではなく、それとは正反対のものだ。心をかき乱すもの、目を覚まさせるものなのだ。優れたリーダーはたいてい、神経を研ぎすませ、理性を損なうことなく不安を感じている。彼らは安堵を求めたりしない。彼らが持っているのは、内なる平安である」

⑤説得

サーバントリーダーにはさらに、組織のなかで意思決定するにあたり、地位に基づく権限ではなくもっぱら説得を手段にするという特徴がある。サーバントリーダーは、無理矢理従わせようとするよりむしろ、メンバーを納得させようとするのである。この際立った要素は、昔ながらの独裁的なリーダーシップとサーバントリーダーシップとの顕著な違いの一つであり、その力はグループ内でコンセンサスを形成する際に発揮される。説得を重視するこうした姿勢は、キリスト友会（クエーカー）——ロバート・グリーンリーフが最も深くかかわった宗派——の信仰に端を発していると思われる。

⑥概念化

サーバントリーダーは、「大きな夢を見る」力を伸ばそうとする。これは問題（あるいは組織）を概念化して捉える力であり、日々の現実を超えて考える必要があることを意味している。経営上の短期的な目標を達成する必要性にばかりとらわれてしまっている経営者にとって、サーバントリーダーのこの特徴は、鍛練と訓練を求められるものである。

サーバントリーダーになりたいと願うなら、考えを広げて、概念的な思考を取り入れられるようにならなければならない。組織では、概念化はまさにその性質のために、理事会（トラスティ）[※]や取締役会が役割として負うべきものでもある。ところが、役員会は日々の業務――必ずうんざりさせられることになるもの――に追われ、先見の明のある考えを組織に提供できていない可能性がある。

理事会は方向性に関して概念的になる必要があり、従業員は円滑な業務を重視できるようになる必要がある。そしてCEOや経営者はおそらく、両方の視点を持たなければならない。サーバントリーダーは、概念的な考えと集中して行われる日々の業務との微妙なバランスを図ることを求められているのである。

※奉仕し、導きたい人に実行の機会を提供する人あるいは組織。グリーンリーフは組織において二種類のリーダーが必要だと説いた。組織内で日々の任務を遂行するリーダー。そして、外部にありながらも密接に関わり、距離があることを利用してリーダーたちを監督するリーダー。後者を「トラスティ」と呼ぶ。受託者とも。

⑦先見力

概念化と密接にかかわることだが、ある状況がどんな結果になるかを先見する力は、定義するのは難しいが、それと気づくのは簡単だ。目にすればわかるのだ。先見力というこの特徴を備えていると、サーバントリーダーは過去からの教訓や現在起きている現実やある決定が未来にどんな結果をもたらすかを理解できるようになる。また、この力は直観に深く根ざすものでもある。これまで、先見力について書かれたものはあまりない。リーダーシップ研究においてもほとんど開拓されていないが、細心の注意をぜひ払うべき領域である。

⑧ 執事役

『執事の職務』(*Stewardship*)や『権限を与えられたマネジャー』(*The Empowered Manager*)の著者であるピーター・ブロックは、執事の職務(スチュワードシップ)を、「誰かのために何かを預かること」と定義している。ロバート・グリーンリーフもあらゆる組織について、CEOと従業員と役員の誰もが、社会により大きな利益をもたらすために組織を預かるという重要な役目を担っている、と考えていた。執事の職務(スチュワードシップ)と同様、サーバントリーダーシップでも、ほかの人の必要性に全力で応えることを当然だとしている。加えて、支配するよりむしろ、心をひらいて話すことや説得することを重視している。

⑨ 人々の成長への関与

サーバントリーダーは信じている――人々には、労働者として目に見える貢献をする以上に、本質的な価値がある、と。そのため、組織にいる全員の成長に全力を注ぐ。従業員が人間として、職業人として、また精神的に成長するためならどんなことでもするというとてつもなく大きな責任を自分が負っていることを、サーバントリーダーは認識しているのだ。具体的には、たとえば次のようなことをする。人間として成長したり専門能力を伸ばしたりするために資金を使えるようにする。あらゆる人からのアイデアや提案に、個人的に関心を寄せる。社員にも意思決定に加わってもらう。解雇された人が次の勤め先を見つけるのを手伝う、などである。

⑩ コミュニティづくり

サーバントリーダーは、人々の生活の基盤が地域社会から大組織へ移った結果、今では多くのものが失われてしまったと感じている。そのため、同じ組織で働く人たちのあいだでコミュニティをつくりたいと考え、その手段を見つけようとする。サーバントリーダーシップでは、会社などの組織で働く人たちのあいだでも本物のコミュニティをつくることができると考えるのだ。グリーンリーフは次のように述べている。「大勢のためになるよう存続可能なコミュニティをつくるには、十分な人数のサーバントリーダーの一人ひとりが、特定のコミュニティグループに対して自分が無限の責任を負っていることを示し、進むべき道を明らかにするだけでいい」

サーバントリーダーシップのこれら一〇の特徴は、すべてを言い尽くしているわけではない。しかし、サーバントリーダーシップが提唱することや求められる課題に積極的に取り組もうとする人たちに、その考え方によってどんな力や未来がもたらされるかを伝えることができる。

「サーバントリーダーシップには、画期的な思考と画期的なリーダーシップの本質が詰まっている」

――ダナー・ゾーハー（『企業の脳を配線し直す』〔*Rewiring the Corporate Brain*〕）

サーバントリーダーシップは、いくつかの重要な場で活用されている。一つ目の場としては、組織の哲学やモデルとして企業や非営利団体、教会、大学、財団法人などで働くさまざまな人によって用いられている点が挙げられる。

最近では多くの組織が、古い階層的モデルを捨て、代わりにサーバントリーダーによるアプローチを取り入れるようになっている。サーバントリーダーシップは、組織を強化したり社会を向上させる方法として、グループ主導の分析および意思決定アプローチを説く。また、昔ながらの「トップダウン」のリーダーシップより、説得やコンセンサス追求の効果を重視する。これを、階層ピラミッドを逆さまにしていると表現する人もいるが、サーバントリーダーシップでは、企業の第一の目的は、唯一の動機である利益の追求ではなく、従業員や地域社会に建設的な影響をもたらすことでなければならないと考えるのである。

組織に所属する多くの人が、指針となる哲学としてサーバントリーダーシップを身につけるようになっている。サーバントリーダーシップを企業理念として、あるいは社是の土台として取り入れる企業もますます増えてきている。たとえば、セントジョセフ・ヘルスシステム社（ミシガン州アナーバー）、トロ社（ミネソタ州）、シュナイダー・エンジニアリング社（インディアナ州インディアナポリス）、TDインダストリーズ社（テキサス州ダラス）などである。

ダラスを拠点に暖房・配管を行うTDインダストリーズ社は、早くからサーバントリーダーシップを実践してきた企業の一つであり、一九九八年一月一二日に『フォーチュン』誌が選ぶ「最も働きがいのある企業トップ一〇」に名を連ねた。また、ロバート・レベリング&ミルトン・モスコウィッツの共著『最も働きがいのある全米企業トップ一〇〇』（*The 100 Best Companies to Work for in America*）にも取り上げられた。TDインダストリーズの歩みを紹介するなかで、著者たちはサーバントリーダーシップが同社に長く与えている影響について述べている。創業者のジャック・ロウ・シニアは、一九七〇年代初めに『リーダーとしてのサーバント』を偶然知り、その後、従業員たちに配った。従業員たちは読後、小さなグループに分かれ、内容について話し合うように言われたという。こうして、経営者は従業員に奉仕しなければならないという考えが、TDインダストリーズにとって重要な価値を持つものになったのだった。

二五年経った今でも、ジャック・ロウ・ジュニアは指針となる哲学としてサーバントリーダーシップを取り入れている。レベリングとモスコウィッツは、「昔と変わらず今日においても、一人でも部下を持つ同社の社員はみな、サーバントリーダーシップについてトレーニングを受けなければならない」と書いている。また、全新入社員に、今なお『リーダーとしてのサーバント』が配付されている。

サーバントリーダーシップは、多くの著述家や思想家やリーダーに影響を与えてきた。ハーマンミラー社の元会長で『響き合うリーダーシップ』（海と月社）や『リーダーシップ・ジャズ』（*Leadership Jazz*）の著者であるマックス・デプリーは、「リーダーシップにおける奉仕の精神は、肌身で感じ、理解し、信じ、実行される必要がある」と述べた。また、『学習する組織』（英治出版）の著者ピーター・センゲは、人々に次のように話しているという。「リーダーシップについては、他の本は一切読まず、ロバート・グリーンリーフの『サーバントリーダーシップ』（英治出版）を真っ先に読むべきだ。リーダーシップに関してこれほど素晴らしく、また役立つ内容が書かれているものに、私は出会ったことがない」。近年、デプリーやセンゲの著書を通じて、ロバート・グリーンリーフ自身の著作を、ますます多くの人が「再発見する」ようになっている。

サーバントリーダーシップを活用している場の二つ目は、役員教育だ。サーバントリーダーシップは組織の取締役会や理事会（トラスティ）の役割にも応用できるのである。この点に関するグリーンリーフの小論は、営利組織、非営利組織を問わず役員たちに広く読まれている。グリーンリーフは『サーバントとしてのトラスティ』のなかで、二つの問いかけをみずからにするよう理事に促している。「誰に奉仕するのか」「どんな目的のために奉仕するのか」という問いである。

サーバントリーダーシップを取り入れることで、理事会はその役目の果たし方を大きく変えることになる。サーバントリーダーとして行動しようとする理事は、質の高い優れた組織づくりに貢献できるようになるのだ。また、アメリカで一、二を争う助成金提供団体であるリリー財団とケロッグ財団は、一〇年ほど前から、非営利の理事会がサーバントリーダーとして行動できるようになるための教育・訓練プログラムを開発している。グリーンリーフ・センターも、さまざまな理事会とともに、精力的に活動を行っている。

サーバントリーダーシップを活用している場の三つ目は、全米のコミュニティ・リーダーシップ組織である。リーダーの教育・訓練の一環としてグリーンリーフ・センターの資料を使う地域社会のリーダー的組織は増加しつつあり、なかには、使い始めて一五年以上になる組織もある。

全米コミュニティ・リーダーシップ協会は、重視すべきものとしてサーバントリーダーシップを取り入れている。最近、同協会はロバート・グリーンリーフに全米コミュニティ・リーダーシップ賞を追贈すると発表した。この賞は、世界各地において、コミュニティ・リーダーシップの向上に多大な功績のあった個人に、年に一度贈られるものである。

M・スコット・ペックは、本物の地域社会を築く重要性をずっと説いてきた人であり、『生まれるのを待っている世界』(*A World Waiting to Be Born*)で次のように述べている。「サーバントリーダーシップに関する著作のなかで、グリーンリーフは断言している。本当にうまく管理された三つの大組織――民間部門、公的部門、非営利部門でそれぞれ一組織ずつ――を育てることができたら、世界はきっと救われるだろう、と。そして彼が信じ、私も知っていることだが、そのような優れた管理を行うには、コミュニティを築き、礼儀正しさを重んじる組織文化を育まなければならないのだ」

サーバントリーダーシップを活用している四つ目の場は、体験教育である。この二〇年の間に、およそすべての大学で（近頃では高校でも）、さまざまな種類の体験教育プログラムが組まれるようになってきた。体験教育、すなわち「行動による学習」は今や、ほとんどの学生が教育の一環として体験しているのである。

一九八〇年頃には多くの教育者が「サービスラーニング」という新しい言葉のもと、サーバントリーダーの考え方と体験学習との関連について著述するようになった。そしてサービスラーニングこそが、この数年で体験教育プログラムにとって最も注意を向けるべきものになった。

全米体験教育協会（NSEE）は、主要プログラムの一つとしてサービスラーニングを採用している。また、ボリュームのある三巻セットの『奉仕と学習を結びつける』（*Combining Service and Learning*）を刊行し、体験学習プログラムの哲学的基礎としてサーバントリーダーシップを論じる数十本の論文を掲載している。

サーバントリーダーシップを活用している五つ目の場は、公的、私的両方の教育・訓練プログラムである。大学のリーダーシップ及びマネジメントの講義、さらには企業の訓練プログラムでも、この考え方が取り入れられているのだ。サーバントリーダーシップは、マネジメントやリーダーシップを扱う多くの大学や大学院でカリキュラムに組み込まれ、なかにはサーバントリーダーシップに特化されている課程もある。また、総合的品質管理（ＴＱＭ）や「学習する組織」やコミュニティビルディングなど他のリーダーシップ及びマネジメントのモデルと組み合わさってそれらをいっそうよいものにする包括的なフレームワークであるとして、ケン・ブランチャードやピーター・センゲらに高く評価されている。

さらには、何十人もの経営やリーダーシップのコンサルタントが、サーバントリーダーシップの考え方を活用して、企業へのコンサルティングを行っている（そうした企業には、ＡＴ＆Ｔやミード社やカナダのガルフ・オイル社などがある）。そして今では多くのコンサルタントや教育者が、サーバントリーダーシップを土台としたＴＱＭから得られる効果を絶賛している。社内での訓練や教育を通して組織が気づき始めているとおり、サーバントリーダーシップは事業運営の仕方を確実に向上させ、一方で大きな利益をあげる可能性を持っているのである。

サーバントリーダーシップを活用している六つ目の場は、個人の成長や根本的な変化に関するプログラムである。サーバントリーダーシップは組織だけでなく個人レベルでも機能するのだ。個人に対しては、精神的、職業的、感情的、知的に成長する手段がもたらされる。これは、

M・スコット・ペック（『愛すること、生きること』〔創元社〕）やパーカー・パーマー（『積極的な人生』〔*The Active Life*〕）、アン・マギークーパー（『疲労困憊して帰宅する必要はない！』〔*You Don't Have to Go Home from Work Exhausted!*〕）ら、人間の可能性を広げる考え方を論じてきた人たちとも通じるところだ。

ただ、サーバントリーダーシップが際立って素晴らしいのは、ほかの人に対して奉仕と導きの両方を行う機会を積極的に求めるようすべての人に促し、結果として社会全体で人生の質（クオリティ・オブ・ライフ）を高める可能性を創造する点にある。多くの人が、サーバントリーダーシップのコンセプトを、自己認識のためのグループセッションや断酒会の一二のステップをはじめ、さまざまなプログラムに取り入れようと努力している。また、サーバントリーダーが、ユング派の未確認の元型かどうかを調べようとする動きも出てきている。この少々変わった探究については、ロバート・ムーアとダグラス・ジレットの共著『男らしさの心理学』（ジャパンタイムズ）で論じられている。

「サーバント」という言葉には、多くの働く人たち—とりわけ女性や有色人—が堪え忍んできた抑圧の歴史があるために、否定的なニュアンスを覚える向きもあるだろう。人によっては、この言葉を前向きな意味で使えるようになるまでに、しばらく時間がかかる場合もあるかもしれない。

しかし、少し深く掘り下げてみようと積極的に取り組む人々は、サーバントとリーダーという切っても切れない関係にあるものがめざす精神性が理解できるようになる。サーバントリーダーシップという言葉の驚くべきパラドックスのおかげで、新たな気づきがもたらされるのである。

『サーバントリーダーシップについての多元的考察』というタイトルの論文で、フアナ・ボルダスは次のように述べている。「サーバントリーダーシップは、多くの女性やマイノリティや有色人によって、長年にわたり文化として受け継がれている。多くの先住民文化においても、はるか昔から息づいている。いずれの文化も、全体的（ホリスティック）で、協調や共有の精神があり、直観的で、スピリチュアルだ。こうした文化では、未来を守り、先達を敬うことが重視されている」

女性のリーダーや著述家たちは、サーバントリーダーシップこそが、男女の両方が取り入れるにふさわしい二一世紀のリーダーシップ哲学だと述べている。ミズーリ州コロンビアにあるステファンズ大学の元学長、パッツィー・サンプソンも、その一人だ。女性とサーバントリーダーシップについての小論『サーバントとしてのリーダー』のなかで、彼女は次のように述べている。「いわゆる（サービス志向の）女性的特徴は、サーバントリーダーシップのこの上なく素晴らしい特徴と一致している」

「サーバントリーダーシップは、日本人が得意とするコンセンサス形成のように機能する。むろん、最初は少々時間がかかる。全員が意見を求められるからだ――最終的にその意見が通るかどうかはわからないことを、やはり全員が納得した上で。しかし、ひとたびコンセンサスが形成されたら、気を抜かないこと。合意されたものごとが、全員が参加して、怒濤のごとく実行されるのだ」

――『フォーチュン』誌（一九九二年五月四日）

まさに今、サーバントリーダーシップの哲学や実践に関して、かつてないほど高い関心が寄せられている。この数年間にさまざまな雑誌や専門誌や新聞に寄せられたサーバントリーダーシップについての論文も、数百にのぼっている。また、これまでに出版された多くのリーダーシップに関する書籍のなかで、サーバントリーダーシップは、現在と未来のどちらにとっても重要なモデルであると述べられている。

グリーンリーフ・センターは、非営利の国際的な教育機関であり、サーバントリーダーシップについての理解とその実践を広めることを目的としている。最大の使命は、サーバントリーダーシップを使うことによって、あらゆる組織の質と思いやりの心を高めることである。

グリーンリーフ・センターの成長と発展には、近年めざましいものがある。その精力的な仕事ぶりを紹介しよう。世界各地での、サーバントリーダーシップに関する一二〇を超える書籍や小論やビデオテープの販売。会員向けプログラムの実施。ワークショップ、学会、セミナーの開催。リーディング・ダイアローグ・プログラムの実施。スピーカーズビューローの構築と運営。年に一度のサーバントリーダーシップに関する国際会議の開催。毎年恒例の会議では、ピーター・ブロック、マックス・デプリー、スティーブン・コヴィー（『完訳 7つの習慣』〔キングベアー出版〕）、マーガレット・ウィートリー（『リーダーシップとニューサイエンス』〔英治出版〕）、M・スコット・ペック、ピーター・センゲらグリーンリーフ・センターの主要メンバーが講演を行っている。彼らをはじめとする会議の講演者たちは、リーダーになる意味についての理解を深めるために、サーバントリーダーのコンセプトがきわめて大きな影響をもたらしていることに言及している。

ここ数年、サーバントリーダーシップに対して世界各地で高い関心が寄せられるようになってきた。グリーンリーフ・センターにある資料は英語、スペイン語、オランダ語、チェコ語、アラビア語の各版がそろっており、ほかの言語でも目下、翻訳が進められている。また、同センターのサテライト・オフィスが、ヨーロッパ、イギリス、オーストラリアに開設されている。

グリーンリーフ・センターのロゴは、「メビウスの帯」と呼ばれる幾何学的図形が元になっている。メビウスの帯は、左図にあるとおり、表裏のない長方形であり、一方の端を固定し、反対側の端を一八〇度ひねって、固定したほうの端に貼り付けることによってつくられる（結果的に表と裏があるかのように見えることになる）。こうして、表の面が裏面に融け込み、次いで裏面が表の面に融け込むような様子になる。

メビウスの帯はサーバントリーダーシップがどういうものであるかを視覚的に象徴している――奉仕がリーダーシップへ融け込み、ふたたび奉仕へと融け込んで、なめらかで途絶えることのない流れを生み出す様子を示しているのだ。また、この帯はグリーンリーフ・センターの役割、すなわち、リーダーシップと奉仕の問題に関心のある人たちに対し、奉仕すると同時に導こうとする組織であることも示している。

人生は、関心をかき立てられる意義深いパラドックスで満ちている。サーバントリーダーシップもそうしたパラドックスであり、この四半世紀の間にゆっくりと、しかし確実に、数多の支持者を獲得してきた。蒔かれた種は、多くの組織ではもちろん、人間のありようをもっとよいものにしたいと願う人々の心のなかでも芽を出し始めている。サーバントリーダーシップが提供する枠組みによって、数知れない有名無名の人々が、さまざまな組織で働く人々に対する接し方を向上させているのだ。サーバントリーダーシップは、人類の新たな進歩の時代へ向けて、よりよい、もっと思いやりにあふれた組織の創造へ向けて、希望と助言を与えるのである。

第1章　サーバント

はじめに

ひとを思いやり、何かに長けている人とそうでない人が奉仕し合うことが、よい社会をつくる、と私は思っている。思いやりというのは、かつては人と人との間で行われるものだった。しかし今では、組織を通じてじわじわと広がるものになっている。多くは規模が大きく、影響力もあるが、人間味に欠ける組織、必ずしも立派であるとは限らず、腐敗していることもある組織を通じて、である。

もしよりよい社会、すなわち、もっと公正で思いやりがあり、人々に成長の機会を与える社会を築くことができるなら、最も効果的、経済的で、かつ社会秩序を後押しする方法は、献身的な個人つまり「サーバント」主導で、人々がみずから組織のなかで次のサーバントを生み出す存在になることにより、できるだけ多くの組織がサーバントとしてもっとしっかり行動できるようになることである。

そうしたサーバントは、決して支配的ではないし、人数的に多いわけでもない。しかし彼らがもたらす影響は少しずつ変化を生み、やがて然るべき快適さを持つ社会が実現できるかもしれないのだ。

長く組織に関心を寄せてきた人間として、私はこう思っている。深刻なレベルでビジョンが欠如しているという悪しき状態が、教会や学校、企業、慈善団体など私がよく知るあらゆる組織に、どうやら蔓延している、と。さらには、そうした組織では、必要とされるビジョンが経営のリーダーから発信されていないようである。経営のリーダーは、重要で必要な人ではあるが、先々のことを見すえず歴史観に欠ける――いずれも生産的なビジョンを不可能にする欠点だ――傾向があるのだ。

発展する可能性を秘めたあらゆる組織にとって必要なビジョンをもし浸透させ続けられるとすれば、組織の使命が何であれ、そうしたビジョンを生み出す可能性が最も高いのは、理事（トラスティ）である。彼らは経営について、理解できるくらいにはかかわりを持ち、しかし客観的な見方ができるくらいには距離を置いているため、想像力が比較的損なわれていないのだ。理事が最も力を発揮するのは、有能で先見の明のある理事長が率いているとき——今日の社会ではめったに見かけない質の高いリーダーシップが発揮されているときである。そうした非凡な理事長は必ずしも組織のトップ層である必要はない。私がこれまでに会ったなかで最もみごとな働きを（何度も）していた理事長は、企業の階層では下のほうの人だった。

ここまで、理事によるリーダーシップの重要な役割について考えを述べた。しかしながら、この考えは、組織の一般の人たちにはあまり共有されず、多くの現理事長には個人的な目標として受け容れてもらえず、最高責任者には、本来の責任とは無関係に負うべきものとして引き受けようとしてもらえない。

人はきっとこう尋ねるだろう。それほどまでに認めてもらえない考えを、なぜ主張するのか、と。その質問には、二つの「もし」を添えて答えることになる。もし、組織の影響を大きく受けるこの社会において奉仕はすでに十分行われており、組織を導く方法を根本的に変える必要などないと納得できるなら、こんな極端な考えを主張する理由は何一つない。しかしもし、社会に奉仕できていない組織があまりに多いと（私と同様に）思うなら、そして（やはり私と同じように）、それは時間をかけて是正できると信じているなら、根本的な変化を生み出す必要がある。

変化として最も賢明で取り組みやすいのは、理事会のリーダーシップ効果を徐々に高めていき、やがてその理事会がしっかりとした影響力を持ち、将来を見通せるようになって、高い価値に対する新たなビジョンを、一度に一組織ずつ、できるだけ多くの組織に浸透させられるようになることだ。ただしこの大きな影響力を理事会が持てるようになるには、たしかなリーダーシップを発揮できる先見の明のある人が現れて、取り組みを統轄する必要がある。

一九七〇年代初めに、私は「サーバント」というテーマについて執筆を始めた。それからの日々が興味深いものになっているのは、さまざまな声が寄せられ、同じ懸念を持つ個人や組織と深いかかわりが生まれているためである。この過程で、人々が大いに力を貸してくれたおかげで、私はわかるようになった。この社会がもっと奉仕し合う社会になるために必要なものが何なのか。手に入る人的、物的資源を使うことで可能になる、賢明な、共に生きる世界、そんな世界へと確実に向上していくために、何が必要なのかが。

出版するつもりのないまま書き続けて六五歳になった私のような人間にとって、そうしたことは人生の遅い時期に理解することになった。今、書きためたものをまとめながら、私はいくつかの考えを話したいと思っている。また、サーバントであろうとする意志に対する、私なりの展望についても掘り下げようと思う。しかしまずは、私のこれまでの人生について少しお話しよう。

組織——その仕事の仕方

成人してから私が大きな関心を寄せていたのは組織、とりわけ大きな組織ではどのように仕事がなされるのか、という点ばかりだったと言っていいだろう。大学の聡明な教授から思いがけずアドバイスをもらったのがきっかけで、私は卒業と同時に世界最大の企業、AT&Tに入社した。そして早い段階から、私には非凡に思える組織の歴史を調べた。

現場でキャリアを積み、さらに上層部の一員として組織を見渡す立場にもなったが、何が起きているのかをじっくり考えられるだけの距離は置いていた。勤めたのは、一九二〇年代から大恐慌時代、第二次世界大戦期、さらに一九五〇年代から一九六〇年代の経済成長期までだ。重い経営責任を負ったことはなく、昔ながらの構造を持つ組織でそうした職務に就けば当然味わうはずの疲労困憊を経験することもなかった。

企業人としての人生の後半では、マネジメント研究センター長を務めた。専門スタッフの協力とさまざまな特権を得られたおかげで、従業員数一万を超えるその巨大組織——高度な技術を扱い、人間的組織が複雑で、公共サービスに徹している組織——のマネジメントとリーダーシップに関して、私は研究と助言の両方を行うことができた。

関心を惹かれたのは、この会社の価値観、歴史と神話、とりわけ経営トップについてだ。苦労した末に、私は理解した——歴史と、目を見はるような歴史を持つ組織の神話とが、組織の価値観や目標やリーダーシップに、深遠な影響を及ぼすことを。そして、歴史や神話に経営トップが無関心であることが、どれほどの損害をもたらすかを思い知った。どのような組織であれ、組織における過去の一連の出来事と、そうした過去の出来事を彩る神話とを明確に把握せずして、現在における組織へのかかわりを、本当に理解することはできない。歴史と神話はどうやら、現在を理解しやすくするために、互いを必要とするようなのである。

AT&Tでのこの経験によって、私は視野を広げ、一九六四年に始まる退職後の日々において、さまざまな組織と仕事上の緊密な関係を持とうという気持ちを抱くようになった。さまざまな組織とは、（とりわけ混乱の一九六〇年代の）大学や、（理事会、コンサルタント、職員の）協会や、（地元、地方、国レベルの）教会、教会関連施設、職能団体、病院、企業などである。

三八年勤めたAT&Tを退職してからは、得るところの多い刺激的な日々を送ってきた。ただ、もっぱらある側面によって、私は「サーバント」というテーマにまつわる一つの考えを、文字にしてまとめようという気持ちになった。

サーバントというテーマは、一九六〇年代の混乱期に大学と密接にかかわるなかで生まれた。箍《たが》が外れ、立派な組織が文字どおり崩れていったときに、学生や教授、大学の経営者、理事会のメンバーたちと深くかかわるのは、不安を駆り立てられる経験だった。

最初の小論『リーダーとしてのサーバント』は、学生の姿勢に対する懸念から、書かずにいられなかった。当時の（いや、見方によっては今も）学生は、希望をあまり持っていないように見えたのだ。思うに、ありのままの世界――貪欲で暴力的で不公平でありながら同時に美しく思いやりがあり支え合っている世界――で豊かに生きることは可能だと受け容れない限り、人間は希望を持てないのではないだろうか。私は、人生の健全さと全体性（ホールネス）の両方にとって、そうした希望が不可欠だと考えている。

希望を持つための構造的な基盤を求めて、また、複雑きわまりない組織（とりわけ一九六〇年代後半の大学）がきわめて脆く無力であるように思われたために、私はさらに二本の小論を書いた。『サーバントとしての組織』と『サーバントとしてのトラスティ』である。最初の一本を含めた三本の小論は、関連する論文とともに一冊の本にまとめ、『サーバントリーダーシップ』（英治出版）として一九七七年に出版した。小論として出すはずだった『人としてのサーバント』（*The Servant as a Person*）は、一冊の書籍にし、『サーバントとしての教師』（*Teacher as Servant : A Parable*）というタイトルで一九七九年にグリーンリーフ・センターから出版した。

こうした小論を書くなかで、またそれぞれが影響し合って深みを増すなかで、私はこう思うようになった。われわれは、産業革命後すぐに起きた「組織革命」にまだ真剣に取り組んでいない。さらには、組織的リーダーシップの危機に世界規模で直面している、と。一体どうすれば、私たち一般の人間が、政府をはじめ企業や教会、病院、学校、慈善団体、コミュニティ、そして家族さえをも、動乱のこの世界で他者にもっと奉仕するよう導くことができるのか。そもそも、他者に奉仕するとはどういう意味なのか。「奉仕する」という言葉について、今はまだ明確に定義しないでおきたい。むしろ、私にとっての意味が、この小論を読み進めるにしたがって徐々に明らかになるようにしたいと思う。

組織はどうすれば奉仕を重視できるようになるのか。それには、組織に所属する人たちが今よりもっと奉仕し、シナジー――部分の総和よりも全体が素晴らしくなること――へ向かって力を合わせて取り組むよりほかないのではないだろうか。

変革への動きは、規模の大小を問わずどのような組織においても奉仕の質を高めるが、この動きは個人のそれぞれが率先して取り組むことによって始まる、と私は思っている。組織がどれほど大きかろうと、変革への動きがどれほどたしかなものであろうと、である。私と同様、シナジーの原則を受け容れるなら、美しいのは小さいものだけだと信じるわけにはいかなくなる。美しいものになる可能性（現状ではほとんど実現されていない）は、シナジーというまさにその現象のために、大きな組織のほうがはるかに高いのだ。そして現代は大きな組織が支配的になっているため、いかにして「大きく」かつ「美しく」なるかが重要な挑戦になる。

この挑戦では、大規模な組織という守られた場でどのように「コミュニティ」を実現するかがポイントになる。思いやりは、近くにいる人たちと付き合い、交流することに大きくかかわるものだからだ。個人が自在に、ひらめいたり創意に富むアイデアを思いついたりするのに必要な励ましや支援は多くの場合、集団がいくつも集まる環境でこそもたらされる。「集団精神」というものは存在しないかもしれないが（ひらめきや創意に富むアイデアという贈り物はおそらく個人にしか与えられない）、コミュニティとしての集団によってもたらされる創造性を個人が実現しやすい環境は明らかに存在するのである。大規模であるがゆえにしっかり守られている場で小さなコミュニティを数多くつくること、おそらくはそれが大組織でシナジーを実現する秘訣なのだ。

サーバントという考え方

「サーバント」という考え方は、ユダヤ教およびキリスト教の遺産のなかに深く根を下ろしている。改訂標準訳聖書の用語索引を見ると、サーバント（「奉仕する」「奉仕」の両方を含む）に関するものが一三〇〇以上もあるのだ。しかし数千年を経た今、手元にある文献に照らしてみると、現代の社会にはあまり思いやりがないことを示す十分な証拠がある。私たちの周囲には注目すべきサーバントが大勢いるが、思いやりのない、あるいは思いやりを示さない人たちに押され気味になっている場合がある。また、同じ人間を十分に思いやれる人があまりいないことがおそらくは理由で、現代文明の見通しは明るくない、と主張する人たちもいる。

私個人としては、未来に希望を持っている。知識を活かせば、今は実行されていない二つのこと、すなわち私たちにもできるはずであり、思いやりのある人たちに喜びをもたらし、社会にもっとサーバントの性質を浸透させられるにちがいないことができるようになるからである。

（一）サーバントの性質を秘めてティーンエイジャーになった多くの人――その人数はかなりのものだと私は思っている――に対し、サーバントになろうという意志を、消えることのないたしかなものとして育む方法を、私たちは知っている。

（二）どのように組織を変えれば、組織によって心を動かされるあらゆる人に対し、その組織がもっと奉仕できるようになるかを、私たちは知っている。

　ただ、これらの知識を使うにあたっては、手強い障害が道を阻む。私が「偏狭なものの見方」と呼ぶ障害である。

「偏狭なものの見方」という問題

「偏狭なものの見方」は、放っておくと、善良で有能な人々が前述した二つの知識を使うのを妨げてしまうが、一筋縄では変えられない場合が少なくない。そのような障害を、文明の崩壊が決定的になる前に十分減らせるかどうかは、疑問の余地のあるところだ。現代人のなかでも、「責任ある立場の」年配の人の場合、とうていサーバントとは言えない人たちが変わるためには、改宗や精神分析学あるいは圧倒的な新しいビジョンのような「至高」体験を経験するほかないように思われる。しかし一部の、今でもサーバントの性質をかすかに持つ老年期の人の場合は、崩壊への流れを食い止めようと努力することに価値がある。人生は、結果がどうあれ、努力することで、より完全なものになる可能性があるのだ。

　文明はこれまでにも盛んになったり衰えたりしてきた。もし私たちの文明がうまくいかないなら、未来の文明の考古学者はこの文明の名残を掘り起こして、もっと思いやりのある社会を築こうと努力した痕跡を、未来の人々にとって何か役立つヒントをもたらす経験の欠片を発見するかもしれない。

ただ、当然のように予想できることとして、私たちのあとに続く未来の文明——今の文明から建設的に発展した文明であれ、長きにわたる暗黒時代を経て残骸から再建された文明であれ——においても人々は、今まさに私たちに突きつけられているのと同じ二つの問題に直面するだろう。(一)成人になってもサーバントになる可能性を失わずにいる人たちのなかから、できるだけ多くのサーバントを生み出すにはどうすればいいか。(二)グループでの取り組み(すなわち組織)において、最適な奉仕を実現させるにはどうすればいいか。

しかしながらこの先、人間の性質が思いがけず変化することがないなら、未来の人々は私たちの時代と同様「知っていることを活かそうとしない姿勢」のために問題を解決できないかもしれない。「知っている」ことは強みだが、抑制的な「偏狭なものの見方」から解放され、そうした知識を使おうとしなければ、宝の持ち腐れになってしまうのだ。

一〇〇年以上前のこと、当時活気のなかったデンマーク文化がフォルケホイスコーレ(フォーク・ハイスクール)の活動の結果として再構築されたとき、その活動のモットーは「志は、持ち方次第で力になる」だった。デンマークの若者の志が高められ、(結果として)新たな社会秩序を築くことによって窮地、すなわち活気のない文化から抜け出す方法を探そうとしたときに、目を見はるような社会的変化が起きたのである。

注目すべきは、牧師のグルントヴィ――フォルケホイスコーレ創設へ向けてリーダーシップを発揮した、先見の明のある人（ビジョナリー）――が、人々が従うべき模範を示さず、彼自身は学校を設立も運営もしなかった点だ。彼はビジョンを、夢を与え、長い人生のうち五〇年以上にわたってその夢を熱く説得力をもって唱道し続けたのだ。彼のビジョンに影響を受け、学校を建てたのは、デンマークで昔から暮らす小作農たちだった――彼らを導くモデルなど皆無であったにもかかわらず、である。彼らには、どうすればいいかがわかっていた。グルントヴィが与えた先見的なビジョンが、彼らの気持ちを駆り立て、知っていることに基づいて行動させたのである。

私たちの時代のビジョン――それはどこにあるのか

「ビジョンがなければ民は滅びる」。この聖句（箴言二九章一八節）の訳として私の心から離れないのは、キング・ジェームズの手によるものだ。たとえ現代の翻訳家がこの節に何かほかの訳を与えようとも、である。

「新たな社会を築くように若者の志を高めることは可能だ――いや、実際に高めることができる」。これこそが、グルントヴィがデンマークの庶民のリーダーたちに与えたもの、すなわち、どのようにすべきかわかっていることをするべきだという、人々の心をとらえて離さないビジョンだった。そうしたビジョンがなければ、一九世紀のデンマークは滅びへの道を歩んだことだろう。

一九六〇年代に苛立ちを抑えきれなかったアメリカの若者たちも、新たな社会をつくりたいと思っていた。ところが目的を果たせるよう後押しできたはずの大人たちは、「若者に無駄な努力をさせた」だけだった。そのように軽視した結果として、少数ながら面白おかしく浮かれ騒ぐ若者もいた。

しかし、このまま先見の明のあるリーダーが生まれず、なんとかして新たな社会を築こうとする若者をしっかり後押しできなければ、若者たちはふたたび浮かれ騒いでしまうかもしれない！　もしそうなっても驚いてはいけない。誘因となるものは嫌と言うほどあるのだ。私たちは、十分与えられるはずのしっかりとした手助けを、全く若者たちに与えていない。それどころか、志ではなく知識こそが力になるという主義に基づいて行動してしまっている。しかし知識は道具にすぎない。最も重要なのは志だ。

もしかしたら、若者を後押しできるはずの大人たちは、やり方を知っているのにしないのかもしれない。なぜなら、一九六〇年代と同様、志を高く持ち、知っていることに基づいて行動しようと思わせてくれるようなビジョンに、気持ちを駆り立てられていないからである。現代において、私たちはそういうビジョンを与えられていない。それに、若者が二一世紀を前向きに生きられるようにするにあたっては、体が麻痺したかのように、自分たちの行動を制限してしまう。ひょっとすると、私たちはきちんと顧みないことによって大変な事態をみずから招いているのかもしれない。

先にも述べたが、これは面白い話である。(一) 大人になってもサーバントになる素質を失わずにいる若者の割合を、どうすれば増やせるかを、私たちは知っている。(二) どのように組織を変えれば、組織によって心を動かされるあらゆる人に対し、その組織がもっと奉仕できるようになるかを、私たちは知っている。――つまり必要なのは、人々が志を高く持ち、前向きに行動するみずからの意志に気づき、解放できるようになるビジョンなのだ。そうしたビジョンは、道義心によって促進されたり、意識的な探究から自然に生じたりすることもある。これといった原因なしに生まれる場合もある。あるいは、強力なリーダーシップによって力強く伝えられる場合もある(一九世紀のデンマークで、グルントヴィがそうであったように)。

そうしたリーダーは、グルントヴィのように、穏やかな結果へつながるビジョンを示すこともある。アドルフ・ヒトラーのように、恐ろしい悲劇を引き起こしてしまう場合もある。あるいは、ビジョンがエルヴィス・プレスリーのような人によってもたらされ、人々は行動を制限する諸々のものから解放されて、良いにつけ悪いにつけとうてい価値ある結果をもたらすようには見えないことなのに、それをしなければと気持ちを駆り立てられることもある。

ラビ（ユダヤ教における宗教的指導者）の故アブラハム・ヨシュア・ヘシェルは、旧約聖書の預言書について大学生に講義を行ったことがあった。質疑応答の時間になり、ある学生が尋ねた。「ラビ・ヘシェル、偽物の預言者と本物の預言者についてお話しになりましたが、どうすれば区別できるのでしょうか」

優れたラビ・ヘシェルは、太古の預言者の厳しさをみずから態度に表し、抑えた口調で「区別する方法などない！」と答えて、質問した学生をじっと見つめた。気詰まりな時間が流れたが、不意にラビは相好を崩して次のように話した。「もし『方法』があるなら、つまり、何か判断基準があって預言者の話をろくに聞かなくてもこの預言者は本物だ、あるいは偽物だと断言できるなら、人間らしい苦悩がなくなり、人生は無意味なものになってしまうだろう」。それからまた旧約聖書の厳格さをまとい、強い調子で言った。「しかし違いがわかることはきわめて重要だ」

そのため、ビジョンによって意欲をかき立てられる人は、穏やかな結果へつながる行動なのか、それとも目的のない行為なのかを見きわめられなければならない。ただ、未来の大人の大半がその見きわめをつけられるようにすることは可能だ、と私は思っている。それは、サーバントになろうと思う若者の割合を増やすための第一歩でもある。拙著『サーバントとしての教師』では、教師はどうすれば、仕事仲間や大学の支援を得ることなく自分の力だけで、若者に違いをわかってもらえるようにできるか、その方法について述べている。大学内にあるあと一つの機会については後述しよう。いずれも費用の全くかからない方法である。

私たちは何を知っているのか――それとも知りたくないのか？

繰り返しになるが、（一）大人になってもサーバントになろうという気持ちを持ち続ける若者の割合を、どうすれば増やせるかを、私たちは知っている。（二）組織をどのように変えれば、もっとしっかり人々に奉仕し、人々の心を動かせるようになるのかも、私たちは知っている。ただしそれは、成文化・体系化され確立されたことを然るべき筋から承認されるような知識ではなく、デンマークの小作農のリーダーたちが、若者の志を高める学校を建てようと意欲をかき立てられたときに持っていたような知識である。彼らはどうすればいいのか前々から知っていた。ただ、グルントヴィがビジョンを示すまでは、知っていることに基づいて行動することができなかった、あるいはその意志が欠けていたのだった。

現代社会のサーバントとしての質を高めるために、使える知識を使い、今まさにする必要のある（先述した）二つのことをするのに、何の不思議があるだろう。私の知る限り、明確で完全なモデルはないが、経験の欠片はそこかしこにあり、それらを一つに凝縮して経験をたしかなもの――「知っている」状態――にすることはたやすくできるのだ。

次に、現代の広くさまざまな組織から四つの例を紹介する。いずれの組織でも、有能で誠実でありながら、人々には知っている――あるいは知ろうと思えば簡単に知ることのできる――ことに基づいて行動するというビジョンが欠けているように、私には思える。いや、知りたいと思っていないようにさえ感じられる。どうも、「偏狭なものの見方」を持っていて、邪魔をされているようなのである。

① 企業

数社の大企業と多くの中小企業によって構成される、ある主要な業界がある。景気の影響を受けやすく、また、労働争議による混乱が当たり前のように起きる業界でもある。そんな業界の大企業のなかに（最大の会社ではない）、三つの点で他の大企業と一線を画する会社がある。他社がどのような景気の荒波に見舞われているときでも、この会社は今までのところ、絶えず利益を上げ、ストライキが起きたことがなく、優れた製品をつくっていると世間に認められているのだ（製品が優れている理由については後述する）。

便宜上、名前をX社としよう。この業界を詳しく観察している人が先日、ある大手のトップに「X社からどんなことを学んでいるか」と簡潔に尋ねた。すると、話にもならないとばかりに手を振り、「その話題は結構だ！」とぶっきらぼうな答えが返ってきた。

競争の激しい業界であることを考えれば、この大手企業のトップが、より大きな成功を手にしているライバル会社から何か学ぶべきことがあったのではないかという問いをはねつけた理由は、およそ見当がつく。しかしながら、X社を際立たせているのは、よく言われるような、優れた技術や、的確なマーケティング戦略や、安定した財政基盤といったものではない。

X社をその他の企業と隔てているのは、「夢」についての常識にとらわれない考え方、すなわち、どんな会社になりたいか、どのように優先順位をつけるか、組織としてどのように奉仕を行うか、といった考え方だ。X社は、他社とは根本的に異なる哲学と自己イメージを持っているのである。

ただ、ビジネスの常識から言えば、X社が成功するはずがない。だから、X社ほど成功していないライバル会社はもっともらしく言うのだ、「X社のような考え方でうまくいくはずがない。そのため、学ぶべきことも何もない」と。「その話題については結構だ！」というわけなのである。

② 大学

高等教育の世界では、ビジョンがないために、また別の事態――前述したビジネスの場合ほど明確ではない――が引き起こされている。私は長年にわたり、大学に働きかけては、学生が持つサーバントリーダーシップの潜在能力を高めるために、もっと本気で取り組んでもらえるよう努力してきた。だがその取り組みは、新たに資金を獲得して支援を得られれば開始されるが、資金が途絶えたらストップしてしまい、一向に定着しない。ただ、大学の支援を受けることなく、ときには仲間の反対に遭いながらも、独自に、学生の成長のこの側面に関心を持ち、素晴らしい成功を収めている教授がいないわけではない。

対照的に、スポーツの才能を持つ学生にとっては、どれほど財力も力もない大学であっても、才能を伸ばしてくれる至れり尽くせりの指導の手段が見つかる。しかし、サーバントリーダーになる可能性を秘めた学生は、最も財力のある優れた大学であっても、リーダーシップの才能を伸ばす指導は、たまたま行われるものであって、重要な学部生時代にきちんと系統だてて行われるものではないことを知ることになる。

この点について、私は教育誌に論文を書き、次のように述べた。今日私たちが直面している危機を解消するために学生へ向けた取り組みとしてできるのは、広く認められているわけでもなければ報酬もなく、同じ教授たちから悪口を言われるかもしれないが、それでもなおこの使命を引き受けてくれる数少ない教授を見つけて支援することだけだと思われる、と。この論文に対し、ある大学の学長から次のような賛同のメッセージが寄せられた。

近頃はいよいよもってあなたの言うとおりだと思うようになってきている。当学の学生のリーダーシップを高めるために系統だったプログラムを整えることは、たしかにほとんど不可能だと思うのだ。結論も、あなたに賛同せざるを得ない。学生のリーダーシップを高めるには、献身的な何人かの教授がこの大変な使命を進んで引き受けてくれる、その努力に頼るほかない、と。もし本当にそうなら、私たちは、その教授が誰でどこにいるのかを突きとめ、できる限りの支援をする必要があるだろう。

ジョン・W・ガードナーは、「反《アンチ》リーダーシップワクチン」と彼が呼ぶものを投与しているとして、大学を厳しく批判したが（一九六四年、政界に入るためにカーネギー・コーポレーションの社長を辞任する際の、別れのメッセージ）、それに対して研究機関から返ってきた返事は、「その話題については結構だ！」であったようである。

③ 医療団体

医療団体では、栄養学を、健康維持の重要な要因として認めないという姿勢が広く浸透している。平均的な医師であれば、人間の身体が化学的・精神的有機体であることを承知している。それなのに、病気を治療したり健康増進に関する助言をしたりするときに、栄養学についてあまり関心が払われないのである。

ミネソタ州セントポールにあるヒル財団は、長年にわたって医学教育に惜しみない寄付を行ってきたが、先頃も、新設の医学校で栄養学のカリキュラムを始めるために助成金を贈った。この助成金に関して、同財団の一九七三年の年次報告書には次のような記述がある。

これこそ本当のパラドックスだ――「アメリカ人は往々にして、太りすぎているのに栄養が足りていない」とは。私たちは貴重な食べものを無駄にしながら、乱れた食習慣を続けている。その一方で、世界のほかの国々では、国民に対し十分な食糧供給を確保するのに苦労している。これは、栄養摂取についてより基本的な研究を早急に行う必要があるということだ。食べ物の生産、加工、盛りつけ、調理の計画・管理方法についてもっと話し合ったり、健全な栄養摂取について公教育を充実させたりする必要があるということでもある。しかし現状では、この使命を果たせるだけの訓練を積んでいる人があまりに少ない。

栄養摂取における問題は、医学部の教育課程にも関連がある。まず、大半の医学部では、栄養学専門の研究・教育学科が設置されていない。また、若い医師はたいてい、糖尿病やアレルギー、あるいは冠動脈疾患のような特定の病気にしか関係がないという理由で、栄養学に関してはいくつかの側面について簡単な説明を受けるだけだ。

しかしながら最も重視すべきは、患者の治療に際し、健康の維持や病気の予防にほとんど注意が払われない点である。……同様の問題は、看護師や栄養士など（医師以外の）医療従事者の教育にも存在する。

……われわれヒル財団としては、幅広い栄養学教育プログラムの開発・実行にふさわしいのはメイヨー医学校だと考えている。この医学校が新しい組織であり、それゆえ医療訓練に対し柔軟に取り組む姿勢を持っているからである。

つまり、医者が栄養学に対して持っている「偏狭なものの見方」のせいで、利用可能な栄養学の知識を健康増進の重要な要素として活用することは新設の医学校にしかできない、と考えられてしまっているのではないだろうか。医学界のお歴々も、より大きな成功を手に入れている型破りな相手からどんなことを学んでいるかと尋ねられたら、先の大手企業のトップと同様、「その話題については結構だ！」と答えるのだろう。

④ 教会指導者

一九世紀の歴史について、私なりの解釈を少々述べよう。カール・マルクスは大英博物館で、のちの二〇世紀の世界に大きな影響をもたらすことになる学説をまとめているときに、実は、当時の教会の衰退がもたらした空虚感を軽減して、産業革命の結果に適切に対処していたのではないだろうか。もし一九世紀の教会（あるいは教会指導者）が、産業革命によって必然的に生まれる新たな社会についてしっかりとした計画を示し、その計画を新たなビジョンとして誰もが納得できるよう主張したとしても、マルクスはやはり数々の論文を書いたかもしれないが、しかしそのテーマがそれまでにない画期的なものになることはなかっただろう。

先日、私は教会指導者とその筋の専門家のグループに会った。三日にわたり「リーダーとしての聖職者」というテーマについて話し合うために招集された人たちである。

リーダーシップを発揮する機会と問題について彼らが思うがままに話し合うのを、私は一日聞いていた。その後、聞いたことに基づいて発言するにあたり、あまり区別せずに使われがちだが意味合いの全く異なる三つの単語について言及した。「支配する」ことを表す「manage（管理する）。語源は「手」を意味するラテン語のmanus）、「大切に思う」ことを表す「administer（統轄する）。語源は「奉仕する」を意味するラテン語のadministrare）」、そして語源ははっきりしないがふつう「前に出て道を示す」の意味で使われる「lead（導く）」である。

manage（管理する）とadminister（統轄する）は、会社の公式な側面とあいまって、今ある「良好な状態を維持する機能」を果たす。すなわち、組織の運営が「滞りなく行われる」のを手助けする。現在の仕事が「滞りなく行われる（maintenance）」ことはどの組織においても重要だが、それによって、刻々と変わる社会に奉仕するという対応が確実にできるようになるわけではない。そうした対応は、「leading（導く）」――創造的に冒険すること――によって初めて確実になるのだ。

以上のように、私はこれらの用語について一般に使われるより明確な区別をつけていたため、聖職者たちの議論を聞いたとき、主として話されているのはleading（導く）ではなくmaintenance（滞りなく行われる）についてだと感想を述べた。

教会を含めたほとんどの組織において、「管理」と「統轄」、すなわち「業務が滞りなく行われるための役割」は誰かに委ねられ、委ねられた人々が務めを果たせるよう資源が分配される。管理・統括する（業務が滞りなく行われるようにする）人たちは、「導く（前に出て道を示す）」こともあるだろう。ただ、リーダーシップは誰かに委ねられるものではなく、誰かによって引き受けられるものだ。また、制裁措置を設けて、引き受けるよう強制したりし向けたりするなら、そこから誕生するものをリーダーシップと呼ぶことはできない。リーダーシップかどうかは、ほかの人たちが「みずから進んで」あとに従うかどうかによって見きわめる以外ないのだ。

ここで私は、教会指導者たちから質問を受けた。「私たちがあなたの言うleading（導くこと）をしていないというなら、私たちのような立場にある人は導くためにどんなことができるのか」

私は、この章の冒頭で結論として述べた信条を、ここでも述べた。「もしよりよい社会、すなわち、もっと公正で思いやりがあり、人々に成長の機会を与える社会を築くことができるなら、最も効果的、経済的で、かつ社会秩序を後押しする方法は、献身的な個人つまり『サーバント』主導で、人々がみずから組織のなかで次のサーバントを生み出す存在になることにより、できるだけ多くの組織がサーバントとしてもっとしっかり行動できるようになることである」と。それから次のように話した。

「この時代に本当の意味でleadする（導く）ために教会指導者ができることは、その影響力を使って現代版の『組織の神学』を生み出し、多くの組織のなかで教会関係者が関与するのを支持し、彼らが次のサーバントを生み出す存在になれるよう支援することだ――彼らがいくらか影響を与えられる組織がもっと奉仕できるようになり、さらには、そうした奉仕する力を高め続けていけるように。

一九世紀の教会指導者たちは、産業革命後の社会について新たな計画を示すという課題に取り組まず、空虚感――憂慮した雄弁な無神論者によって埋められることになるが――を残してしまった。二〇世紀末の教会指導者たちは、組織から成る社会の課題に取り組んでいない（これについてマルクスが学説に盛り込まなかったため、今日のマルクス主義社会は、組織をもっと奉仕するものにしようとするときに私たちがぶつかるのと同じ問題に直面している）。現代の教会指導者が今こそすべきこと、それは指導力を発揮して適切な『組織の神学』を整え、教会関係者が、所属する組織のなかで次のサーバントを生み出す存在になるべきであるゆるぎない根拠を示すことだ。リーダーシップとは道を授けること――『前に出て道を示す』ことなのである」

この提案について、教会指導者の会合ではあまり反応を得られなかった。会合の最後に、私はこの反応のなさに触れ、帰宅したら手紙を書くと述べた。そして後日、出席者に宛てて送った、「『組織の神学』の必要性」と題する覚え書きに、新しい神学を生み出すにあたって教会指導者がたどることになる道について詳細を記した。しかし、手紙を受け取ったことを知らせてきたのは一六人の出席者のうち二人しかおらず、その二人にしてもどういう考えを持っているのかよくわからなかった。六カ月後に補足的な覚え書きを送ったが、反応に変わりはなかった。

私は次のような結論に至った。この教会指導者たち――責任感があり、有能で、善良な人たち――の態度は、（型破りではあるかもしれないが）自分たちよりはるかに成功しているライバルからどんなことを学んでいるかと尋ねられたときに、「その話題については結構だ！」と答えた企業トップと全く同じだ、と。

一九世紀の教会指導者たちも、産業革命のとてつもなく大きな影響に直面したときに、もし大胆な考え方をするコンサルタントか誰かに「この問題に対処するには新たな神学が必要だ」と助言されたとしても、その対応はやはり、「その話題については結構だ！」だったかもしれない。

この一〇年ほど深く考え続けてきて、私は今、次のように思っている。「ビジョン」なくして生きていくことはできないし、これは、知っていることをいつでも積極的に使うため、夢から厳しい現実を取り払う努力をするために、なくてはならないものである、と。

強力な「解放のビジョン」がなければ、教会指導者も、責任ある役割を担う他の人たちと同様、「その話題については結構だ！」となってしまうだろう。一体なぜ、こんなにも長い間、ビジョンはなかなか生み出せないものになってしまっているのだろう。「解放のビジョン」はなぜ、こんなにも希有なものになってしまっているのだろう。

解放のビジョンはなぜ稀なものになってしまっているのか

「偏狭なものの見方」はあらゆる改革者――ほかの人々に知っていることを使ってもらおうとする人たち――を苛立たせるが、実は役立つものである。このことは受け容れるべき重要なことであるように私には思える。もし、知っていることに基づいて行動するのを妨げる「偏狭なものの見方」を一切持たないという意味で、あらゆる人とあらゆる組織が「ひらかれて」いたら、どうなるだろう。おそらく、どのような疑問にも、どのような状況にも、そんなことは以前に起きたことがないかのように、向き合うことになる。改革者にとっては理想的な状況かもしれないが、世界は混乱に陥ってしまうだろう。

人はふつう、反射的な行動を促す独断的な考えを山のように持たずに生きていくことはできない。そうした考えを持たなければ、緊急時に素早く行動できないし、良心に従って迅速に行動しなければならないときも動けなくなってしまうのだ。

私たちは、「もし〜ならどうなるか」とさまざまに予測し、ありがちな状況に対する対応をあらかじめ考えて、行動し、生きていく。もし完全に「ひらかれて」いたら、ずっと受け継がれてきた知恵の多くも、ほかの人と適切な方法で自然に付き合えるようにしてくれる習慣も、失われてしまうかもしれないのだ。

「解放のビジョン」が稀である理由の一つは、私たちの社会が過去を受け継ぐ社会だからである。ただ、あくまで理由の一つにすぎない。私たちの社会は進化する社会でもあるからだ（この点について、ニューマン枢機卿は、「生きることは変化することであり、しっかり生きることは頻繁に変化し続けることである」と述べたと言われている）。「過去を受け継ぐこと」と「変化すること」の融合、それが、人間らしい苦悩の重要な側面である。

そのため、「解放のビジョンはなぜ稀なものになってしまっているのか」という問いに対しては、次のように答えなければならない。安定した社会ではどうしても、「強力な解放のビジョンが打ち出されにくく」なってしまう。また、打ち出されたビジョンが平和的なものであるかどうかを厳しく調べる必要がある、と。しかしながら、解放のビジョンが全くなければ、あるいは十分になければ、取り返しのつかないことになる。私たちは、どれほど気持ちが安らごうと、過去を受け継ぐだけの社会に戻るわけにはいかない。変わること――ときには根本から変わることが必須なのだ。

人々の気分や気持ちは移ろうものだ。カリスマ性のあるビジョンが、一部の人に受け容れられる時代もある。「柔軟に」変化する時代もあれば、「頑なに」変わろうとしない時代もある。実のところ、解放のビジョンを人々に積極的に受け容れさせたり拒絶させたりする力について私たちが理解していることは、ごくわずかにすぎない。

ここで思い浮かぶのは「慎重である」という言葉だ。変化を起こすにあたっては、安定を脅かされるという脅威――先述した、「偏狭なものの見方」を持つ四種類の組織においても見られる――を最小限にしようとすべきである。もし安定が著しく脅かされたり、あるいは失われたりするなら、目的がどんなに崇高であっても、人々はとてつもなく苦しむことになるだろう。

変化に対する取り組みが慎重さに欠けていて、解放のビジョンが説得力に乏しく意図が平和的でない場合、のちに慎重に取り組んでも成功しにくくなるが、そのときになって改革者は気づく。結局のところ大半の人が「秩序」を――たとえ情け容赦のない、全くサーバントではない人によってもたらされる秩序であったとしても――選ぶことに。秩序は文明社会の最初の状態であるため、最もありがちな「偏狭なものの見方」の一つとして、最終的に秩序が選ばれるのである。

箴言二九章一八節の書き手がたしかに「ビジョンがなければ民は滅びる」と書いたなら、古代と現代のよくあるジレンマには注目に値する一貫性があることになる。ビジネス、教育、医療、教会の各分野における強固な「偏狭なものの見方」の例からわかるのは、これまでずっと、十分に強力な解放のビジョンが与えられてこなかったということだ。そのような状況は、まるで人類に共通する運命であるかのように、大昔から続いている。そしてそのために、滅びるかもしれないという脅威に、私たちはつきまとわれているのである。

ビジョンを呼び起こし、はっきり述べる

「解放のビジョンはなぜ稀なものになってしまっているのか」という疑問に対する答えを、私はまだ半分しか述べていない。つまり、「与えるのが難しいから」だと。あとの半分は、「ビジョンを具体的な形にする才能とそのビジョンをはっきり述べる力のある人のほとんどが、試してみる衝動も勇気も意志も持っていないから」である。これら（衝動と勇気と意志）はどれ一つとして欠かせない。ひょっとして、アメリカは今、「成長」の時代と「抑制」の時代の狭間にあり、そのため解放のビジョンを掲げても空振りに終わってしまうのだろうか。だとすればこれは、明確なビジョンを持つ人たち（ビジョナリー）にとって、やる気をそがれてしまう事態である。

可能性は秘めているがやる気をそがれかねない時代にあって、思いやりのある、奉仕し合う社会を築く必要条件の一つは、その構造のなかにビジョナリーのための場所があり、その場所にいるビジョナリーが、本来生み出せるとおりに解放のビジョンを生み出してくれるという期待に包まれていることである。私たちにとってプラスになる組織の構造について新たに示されるビジョンは、すぐに活用できるものかもしれない――そして、内部構造についてはもちろん組織同士の関係についても、組織がどのように影響し合うかについても、触れられている

かもしれない。
一九七〇年に『リーダーとしてのサーバント』を出版したとき、私は予言的なビジョンについて次のように書いた。

私は今、予言についてこんな考えを持っている。予言的な発言をする人――きわめて明確、かつ、どの時代の洞察にも負けない質の高い洞察を持っている人――は常に、人々を説得できるくらい力強く話をする、という考えである。そして今も、過去の偉大な人々と同じくらい素晴らしい人たちが、私たちとともにいて、現代の問題に取り組み、よりよい方法と、こんな時代にあっても全力を尽くし穏やかに生きることのできる人間の姿とを示してくれているのである。

予言的なビジョンは時代によって多く生まれたりあまり生まれなかったりするが、それは、関心や、探究の度合いや、「ヒーラー」※の敏感さによって左右される。予言的な発言をする人がいるかいないかや、その相対的な質と力は、影響しないかもしれない。予言者は、そのメッセージに人々が反応すればするほど成長する。もし試しに言ってみた最初の頃の予言が無視されたり拒絶されたりしてしまったら、その才能は衰えてしまうだろう。

そうした予言者を生み出すのは、求道者たちである。率先して、現代の予言者を求めたりそれに反応したりするのが私たちのうちの誰であれ、それはきっとその人が成長したり奉仕したりする上で転換点になるだろう。

※自己を癒し、他のメンバーとの関係を本来の姿にする人。ヒーリング（癒し）は、「サーバントリーダーの10の特徴」（「はじめに」を参照）のひとつに挙げられる。

私はキリスト友会（クエーカー）の歴史を読んでこうした考えを持つことになり、次のような結論に至った。一七世紀のイギリスの強力な発言者であり、キリスト友会に優れたビジョンを与えたジョージ・フォックスは、もし「求道者」として知られるグループがその一〇〇年前からイギリスに存在していなかったら、おそらく耳を傾けられることはなかっただろう、と。それは、予言的なビジョンに「耳を傾ける」ことを接点とする人々のグループだった。このグループは宗教上の関心によって結びついていたが、当時の重要な社会的、宗教的勢力になれるだけの明確で順序だった表現ができていないことに気が付いた。そのため、ジョージ・フォックスの言葉を聞き、それに対応することで、短期間ながら大きな動きとなり、イギリスの組織に、とりわけ企業倫理や蔓延する社会問題に大きな衝撃を与えた。

この動きはさらに西洋世界に影響をもたらし、一八世紀のアメリカに波及して、クエーカーは奴隷制度を公式に批判し、所属するメンバーが奴隷を所有することを禁じた最初の宗教団体になった――南北戦争の一〇〇年も前のことである。

しかしこの動きはすぐに教会という形をとるようになり、きわめて多くのメンバーが求道者になることをやめてしまった。「理解する」（新たな予言を進んで受け容れる）代わりに、「主張する」（教会がずっとしてきたことを確かめたり試したりする）ようになったのである。彼らが考えていたことはよいことだったし、それは今もそうである。ただ、クエーカーが時代の先頭を行くことはもはやなくなってしまった。

サーバントリーダーは、予言的なビジョンをいつでも受け容れたいと思っている求道者にとって、予言するビジョナリーというよりむしろ、会議の招集者であり、支援者であり、明敏な導き手なのかもしれない。また、どのような組織であれ maintenance（滞りなく行われること）という機能に必要なのは、リーダーと呼ばれる人ではなく、求道者なのかもしれない。求道者はどの組織にも何人かはいるし、サーバントリーダーも必ずいる。しかしながら、広く複雑な組織の一体どこから、解放のビジョンは生まれるのか。私は次のように考えている。

解放のビジョンを促進する組織構造

解放のビジョンを促進する構造を考えていくと、私たちの社会を構成する組織は三層のピラミッド構造を成していると思われる。

最下層は、「活動」組織と呼ばれる組織から構成される。政府、企業、病院、学校、労働組合、職能団体、社会福祉機関、慈善団体、家族、コミュニティなどである。

二番目の層には、教会や大学が含まれる。これらの組織が、価値観や文化の連続性に関心を持っているため、また、サーバントとしての性質を個人としても組織としても高められるためである。

三番目の層は、教会のために人材を育てているセミナリー（神学、非神学とも）と、大学のために同様の働きをし得る財団によって構成されている。どちらも素晴らしい組織だ。なぜなら、社会全体を思慮深く見渡し続けなければならないという日々のプレッシャーから十分に解放されており、また、大半の組織より自由が利き、なりたいと思う組織になったり、すべきだと思うことをしたりできるからである。これらの組織には、予言的な発言をする人を大切にして励ます独特の機会があり、ビジョンや希望を与えることもできる。ただ、残念ながら現代においては、セミナリーからも財団からも、予言的なビジョンはほとんど生まれていないように思われる。

セミナリーと財団にはさらに、育成機関になって、教会や大学を介して個人や活動組織へ影響を及ぼすチャンスがある。そのため、セミナリーと財団の主な関心事は、「組織の育成」に、ひいては人々に奉仕する組織の育成になるだろう。次いで期待されるのは、やがてすべての組織が気付いてくれることだ——自分たちに欠けているものと、日々のプレッシャーから十分に解放されている育成機関による絶え間ない人材育成の必要性に。そうした機関になれるのがセミナリーと財団だと、私は考えている。

さまざまな組織によってピラミッド構造がつくられているという考えには、有用な点がある。どんな組織にも、絶好調のときがあるのと同様うまくいかないときがあるが、その場合、一つ上の層の組織に比べてこの組織ではどういう点で思いやりが欠けていたのか、と問えばいいのだ。

この前提によって疑問が残る。セミナリーや財団がもっと思いやりを持つ必要がある場合、どんな組織を参考にすればいいのか、という疑問である。この二つの組織はピラミッドのいちばん上に位置しているので、参考にできる組織がないのだ。そのため、セミナリーと財団には、どんな組織でも得られるというわけではない、理事会による深く質の高い思いやりが必要になる。この二種類の組織には、どこより献身的で明敏な理事会が不可欠なのだ。

こうした理事会には未来の社会に建設的な奉仕をする絶好の機会がある。素晴らしい機会ではあるが、理事会が抜かりなくリーダーシップを発揮するのは至難の業だ。なぜなら、ほとんどのセミナリーや財団に現在のところ簡単には変わりそうにない行動パターンがあり、私が述べているような役割を——レベル三の組織、すなわちピラミッドのてっぺんにいる組織にとっては、果たせるし、また果たして当然である役割を、あまり引き受けようとしないからである。

セミナリー

セミナリーが発展すると、価値観やものの見方が大学と同じになる傾向がある。大学というシステムの一部になっている学校もあるが、大半は独立した組織であり、宗教団体に付属している場合でも、独自の理事会を持っている。

私が提案することをすべて引き受けたら、セミナリーは大学とは似ても似つかなくなる。むろん履修課程を設けたり学位を授与したりはするだろう。しかし重要な機能として次の役割を負うことになる。予言的な発言をしてビジョンや希望を与える人を大切にし育てること、そして教会を持続的に支援していくことである。これらは大学が果たすべき役割ではない。また、大学が伝統のように行っているものごとは、セミナリーのモデルとしては役に立たないかもしれない。

そうした、セミナリーの最大の役割――その実行可能なモデル――がまだ明らかになっていない、とはどうも私には思えない。また、セミナリーの理事会にとっては、会長のリーダーシップのもと、セミナリーがその最大の役割に取り組めるよう尽力するチャンスである。高圧的な態度でセミナリーの構想を立てることは理事会の使命ではない。むしろ理事会は、二一世紀のセミナリーの構想が明らかになるプロセスを「導く」機会を持っているのだ。そうした構想を進めるにあたっては、各セミナリーの支援者の全員が参加すべきである。そうやって「進化」していくのだ――ゆっくりと時間をかけて、しかし決して終わることなく。セミナリーは、現在の使命に集中し、常に全神経を注がなければならない。一方で、その使命を超えるプロセスを進めていく必要がある。

理事会が、最高の奉仕をする組織をめざして本気でセミナリーを導き始めると、各組織の「進化するための神学」――セミナリーおよび教会の目的とプログラムについて、批判的かつ現代的な見解を与える神学――にセミナリーが貢献することへ、関心が向く。この関心がゆるぎないものであれば、セミナリーの目標が明確になる。また、セミナリーは教会を支援するようにもなる――教会が、個人に対しても、影響を及ぼしうるあらゆる「活動」組織に対しても、奉仕できるように。目的は、そうした組織が、かかわりを持つあらゆる個人にもっと奉仕できるようになることである。

セミナリーには教義上の立場によってさまざまなものがある。しかし、人々が敬虔（religious）な人として最高の状態に（religion の根源的な意味、すなわち「結ぶ」という意味において）なれる状況をもたらしたいと願っているのは、どのセミナリーも同様だ。この共通の目標を達成するために、新たなビジョンが必要なのである。

財団

財団は、法的に認められた目的のために与えるべき資金を持つ組織として、比較的最近になって、数多ある組織の仲間入りをした。財団の機能がどうあるべきかについては大きく意見の分かれるところであり、また財団の自由裁量権を制限すべきだという世間からの圧力も根強い。財団など存在すべきでない、あるいは年数を限るべきだという少々感情的な意見もある。

財団は、「市場」圧力を受けていないという点で特異である。ほかの組織はすべて、存在し続けたいなら購買者や支持者を満足させる必要がある。ところが、財団の場合は法に――以前よりは厳しくなっており、もしかしたら今後さらに厳しくなるかもしれないが――従ってさえいればいいのだ。

財団は、しようと思うことを選択する自由を今なお持っている一方で、大学の支援組織に、少なくともある程度はなることを――経済的な援助を続けつつ、それだけで終わらないことを――促されている。セミナリーが教会に対して果たす（あるいは果たしうる）のと同じ役割を、財団が大学に対して果たすことは無理なのだろうか。すぐに、あるいはたやすく実現できることではないだろう。しかし財団の理事会は、セミナリーの理事会に関して先述したような類のリーダーシップ――プロセスを「導いて」二一世紀の財団を構想するというリーダーシップ――を取れるかもしれない。

優れた大企業のなかには、人材を確保の上、会社を社会的な目的を持つ組織としてとらえ、賢く導き、発展させる役目を、その人に担わせているところがある。同様の貢献を得るのに、大学は学部の委員会を頼りがちだが、十分な結果が出ているとは言えない。大企業としてそうした人材を確保しなかった典型は、アメリカの鉄道会社だ。みな日々の業務管理に忙しかったのだろう。しかし、そんなふうにするべきことをしないまま、将来性のある企業として生き残った鉄道会社はほとんどない。大学にしても、するべきことをせずしてなお無事に存続していくとは考えにくいし、また近年、その弊害が色濃く見られるようになっているのだ。

大学を支援する役割を財団が果たすのは、セミナリーが教会に対して同様の役割を果たすより、おそらく難しいだろう。理由の一部は、大学が大きく複雑であることと、そうした難しい役割を担う財団に勤務可能な（あるいは勤務しようと思う）人材が不足していることである。

セミナリー同様、最大の問題は「理事会」だ。その重要な目的のために資源を使う財団の理事会には、きわめて思いやりが深く献身的であることと、長期にわたり辛抱強く取り組むことが必要になる。必然的に、理事会は受け容れることになる――本書で述べている役割を財団が「引き受ける」べきであることを。

一部の大学では、入学者数が減り、財政が逼迫している。そういう大学は、増収以外の何かによって目下の問題が解決されるとはあまり考えられなくなってしまっている。少し客観的に見ている者としては、こう思わざるを得ない。大学は、資金が不足しているからではなく、アイデアがないために、そしてアイデアを使えるよう自分たちを解放してくれるビジョンがないために、今なお苦しんでいるのではないか、と。

もし彼らの支配的理念がこの時代における彼らの責務や機会にもっと適っていたら、資金不足がこれほど問題になることはなかったかもしれない。しかし、大学というところは昔から変わっていないので、自力で十分に生まれ変わる力は持ち合わせていないように思われる。大学は、教会と同様、きわめて有能な財団スタッフでなければできないだろう、思いやりの深い持続的な支援を必要としているのである。

自力では再生できないと認めること。支援を行えるだけの人的・物的資源を持っている財団や、きわめて優秀な理事が数人そろっており、彼らの非凡さによって再生力を与えられている財団のような、他の組織によるコンセプチュアル・リーダーシップを歓迎すべきだと認めること。これらは、どのような組織にとっても謙虚な姿勢の表れだ。ほとんどの大学が、大半の人や組織と同様、謙虚さを必要としている。謙虚さは真のサーバントの顕著な特徴の一つだ。彼らは相手から奉仕を受けるときも、相手に奉仕するときと同じくらい、前向きな、しかし慎ましい姿勢を持っているのである。

自己再生する組織

人や組織や社会全体が存続するためには、絶えず再生しなければならない。また、人材を適切に使おうと思うなら、ずば抜けて有能な理事を集結させる必要がある。少数ながらそうした理事が集まっているのは、自己再生するのに最適な場所に位置し、それゆえ、明確で説得力のある再生のビジョンを他者に与える強さを持つ組織である。

組織のピラミッドにおいてセミナリーや財団はそうした指導的役割を引き受けて然るべき位

置にたしかにいると納得できるなら、この二種類の組織が理事を持てるよう、一丸となって努力すべきである。理事たちは固い決意を持って、（セミナリーが）教会の、（財団は）大学の支えとなるために、それぞれの組織が確実に自己再生し続けられるよう尽力するだろう。教会あるいは大学の影響を受けて、「活動」組織が高いレベルの思いやりと奉仕を持続できるようになることを、彼らは願っているのである。

統轄の「システム」

セミナリーや財団は、全体として（あるいはそれぞれに）、理事会を統轄する人のために講じる措置として、「システム」を実践する。そのためにまず必要なのは、統轄者にリーダーシップを発揮する覚悟をさせて、自己再生する組織に不可欠な、監督者としての質を理事会が維持できるようにすることだ。すると、統轄するための準備をシステムとして大学や教会や教会の関連施設にまで広げて進められるようになり、結果的に、大学や教会においても、理事会――理事会や監督者を置くあらゆる活動組織の理事会――を統轄する人たちに影響をもたらせるようになる。

こうした統轄の「システム」には終わりがない。まず、統轄者にリーダーシップを発揮する覚悟をさせる。次いで、その役割を担う人たちが交流できるようにする。そして、統轄者が特定の問題に関して支援を必要としているときに、専門的なアドバイスを与える資源を提供するのである。

これは簡単にできる仕事ではない。しかし、この複雑な社会にあるみずから進んで行おうとする性質を維持・強化しようと思うなら、理事会を置くあらゆる組織においてその役割の強化と維持に大いに投資することは、必須であると思われる。これはきわめて貴重な社会的支援であり、私たちが与える方法を知っていて、かつ無理なく与えることのできる社会的支援の一つだ。必要なのは何よりも、それを実現可能にする解放のビジョンである。解放のビジョンを探すのに、セミナリーや財団より適したところがあるだろうか。この二種類の組織が、それぞれ一つずつでもいいので、そうしたビジョンを掲げ、志を持って力強く主張するなら、きっと他の組織にも影響を与えられる。ビジョンというものは、よくても悪くても、どんどん広がる可能性がある。「統轄のシステム」は優れたビジョンとして広がるかもしれないのだ。

もしかしたら、すべてのセミナリー、すべての財団が、自己再生する組織――有能で思いやりの深い理事会を持つ組織――になることに最大の関心を寄せるようになるかもしれない。そうした組織は他のすべての組織の鑑として存在するようになるだろう。

説得によるサーバントリーダーシップ

私の個人的な信条が次のとおりであることは既に述べた。「もしよりよい社会、すなわち、もっと公正で思いやりがあり、人々に成長の機会を与える社会を築くことが可能なら、最も効果的、経済的で、かつ社会秩序を後押しする方法は、献身的な個人つまり『サーバント』主導で、人々がみずから組織のなかで次のサーバントを生み出す存在になることにより、できるだけ多くの組織がサーバントとしてもっとしっかり行動できるようになることである」と。

これまでのところ、「サーバント」や「奉仕すること」という言葉の説明としては、「奉仕という行為が、それを受ける人、あるいはそれによって何か変化をもたらされるかもしれない人に対して及ぼす影響」が最適だと思われる。

『リーダーとしてのサーバント』では、次のようにその意味を明らかにした。「奉仕を受ける人たちが、人として成長しているか。奉仕を受けている間に、より健康に、聡明に、自由に、自主的になり、みずからもサーバントになる可能性が高まっているか。さらには、社会で最も恵まれていない人たちに対する影響はどうか。その人たちは何か恩恵を得ているか、少なくともいっそう困窮することになっていないか」。そして今、もう一点加えたいと思う。「直接、間接を問わず、奉仕という行為によって、当たり前のように傷つく人が一人もいないこと」

したがって、よくない方法で多大な利益を得ること、すなわち一部の人の小さな、しかし深刻な痛みという犠牲の上に成り立つ正義を、サーバントは認めない。社会に変化をもたらすための、暴力に訴えない手段であっても、もしそれが結果として暴力に訴えがちな人たちが実際に訴える可能性を生むなら、つまり誰かが脅威にさらされたり何かを強要されたりするかもしれないなら、目的がどれほど崇高であったとしても、はねつけるだろう（私がマハトマ・ガンジーを批判したくなるのは以上のような理由のためだ。たしかに偉大なリーダーであり素晴らしい人物だが、彼のやり方はサーバントに合うモデルではない。私にとっては『リーダーとしてのサーバント』で述べたジョン・ウルマンこそ、範とすべきモデルなのだ）。

サーバントは、どんな立派な社会的目標であっても、急いで達成しようとして強引に事を進めようとはしない。その強引さのせいでつらい思いをする人がたとえ誰もいなくても、説得によってもっとゆっくり行おうとするのだ。

固い決意を持った改革者のなかには、そんな姿勢でいたら行動できなくなってしまうと思う人もいるだろう。しかしサーバントは段階を踏んでものごとを進める人である。また、この不完全な世の中においては、よりよい方法がまだ学ばれていないために、政府その他の組織によって強引なやり方がなされなければ破壊的な行動を抑えることも何らかの貢献をきちんともたらすこともできないが、それでもサーバントたる人なら、人間的なものごとについては可能な限り説得を行うことを主張するのだ。

この考え方を後押しするのは、人間の性質についての信念、説得することをサーバントリーダーシップの重要なスキルとして捉える信念である。そうした信念を持つリーダーは、勇気を出し、「前に出て道を示す」という危険を冒す。するとほかの人々はみずから進んであとに従う。なぜなら、このリーダーの示す道は正しい道だと――彼らにとって自分で考えるよりよい道だと説得されるからである。

人間というのは、ある考えや行動が「正しい」と直観したとたんに説得されるのではないだろうか。真偽の確認は他人の直観によってなされるかもしれないが、最終的に信じるのは自分の直観である。そういう直観的なステップを踏むことで、人は、意識的な論理（あまり馴染みがないこともある）によって到達しうる限りなく確信に近い気持ちから、自信を持って「これこそ自分の進むべき道だ！」と言える状態になるのだ。

説得という行為は、論理を整理し、直観的なステップを踏みやすくする。ただしこれには時間がかかる。また、説得される人は、強制や巧妙な計略によって制約を受けることなく、純粋に直観的なステップを踏む必要がある。リーダーとフォロワーはどちらもが、誠実であることを重んじ、互いの自主性を認め合う。そして、リーダーが示した考えや行動が正しいことを直観的に確信できるよう、意識を高め合う。

サーバントにとって、以上のように定義される「説得」は、「強制すること」(騙したり、公然と制裁を加えたり、罰を与えたりする、あるいはそのおそれがあること。弱みや感情につけ込むこと。プレッシャーを加えること)とは対照的である。また、「巧妙な操作」(自分が十分に理解していない考えや行動へ人々を向かわせること)とも顕著な対照をなす。

こうした定義を受け容れたら、サーバントの役割は受動的になり、あまり疑念を持たない人たちにさらなる重荷を背負わせることになるのだろうか。私はそうは思わない。少なくとも、サーバントになる準備を若いうちに始められるなら、そんなことにはならない。年配の人のなかにも、重く貴重な役目を担う一方で、過度に強制したり操ったりする人がいる。もし彼らがあまりに性急に変化しようとしたら、責務を果たせなくなってしまうかもしれない。それなら、務めがきちんと果たせている間は、ほかの人たちを傷つけない限りにおいて、彼らのやり方に目くじらを立てないほうがいいだろう。

サーバントについて説明するのに「当たり前のように傷つく人が一人もいないこと」という

注意を添えると、そうと聞いたために、自分をサーバントとして考えられなくなってしまう人がいる。問題なのは、今負っているリーダーとしての役目を、誰かを傷つけることなく果たすこと、あるいは、誰かを苦しめることなく必要な社会変化を起こすことは可能である、と信じていない人がいることだ。

不完全な世界では、これまで苦しんできて、これからも苦しみ続けていく人たちがいる。私にしても、今までの人生のなかで、誰かを傷つけたことがある。ただ、サーバントであることへの関心が強くなるにつれ、そうした出来事が残した傷跡が記憶のなかで鮮明になり、以前より鋭い問いを自分に投げかけるようになった。私はもっと注意を払い、もっと辛抱強く、もっと優しく、もっと寛容に、もっと有能であることができたのではないだろうか、と。

サーバントの目的は、私の考えでは、どんな行動を始めるのであれその結果として、「当たり前のように傷つく人が一人もいないこと」だ。もし誰かが苦しむことになるなら、無視できない傷跡をこの先ずっと残すことになるだろう。人を傷つけることは、ほんの数人であっても、何か事を進める正当な代償であるとは認められないのだ。

この件について責任が重いのは慈善団体だと私は思っている。とりわけ、そのスタッフに関して問題が大きい。奉仕が行われる理由が貴ければ、奉仕を行う人たちをどう扱うかについてはあまり関心を払う必要はないという思い込みがあるようなのだ。

以前、大きな教会の理事会に同席し、種々の問題がもたらすさまざまな影響について話し合われるのを聞いたことがある。驚いたのは、所属スタッフに対する彼らの態度と尊大な接し方だった。頃合いを見計らって、私は彼らの態度と接し方について意見を述べた。「私はこれまで企業に勤め、直接的、間接的に多くの人の仕事に責任を負ってきた。もしあなたがたと同様の態度をとり、あなたがたと同じような雇用と解雇を行っていたら、私はある時点で脇へ呼ばれてこう言われただろう。『グリーンリーフ、きみにも優れているところはあると思う、しかし社員の管理については駄目だ。きみに任せるわけにはいかない！』多くは経済的な動機から、私の知る大半の企業はあなたがたより細かく社員に心を砕いている。こういうことも考えて、エマソンは（『仕事と日々』のなかで）『世の中で最も大きな改善の力となるのは、自分中心な押し売りさながらに、思いやりの心を相手に与えることだ！』と述べたのかもしれない」

思い出されるのは、シェークスピアがソネット九四番の冒頭に書いた次の力強い一行だ。


人を傷つける力を持ちながら、誰ひとり傷つけない人

「わずかな人しか傷つけない」ではなく、「誰ひとり傷つけない」である。このソネットは辛辣な次の言葉で締めくくられている。

どんなに素晴らしいものも、その行いによって最低のものになってしまう
腐った百合の花は雑草よりもはるかにひどい臭いを放つのだ

間の一一行についてはさまざまな解釈が行われている。

ただ、このソネットで述べられているサーバントも、「誰ひとり傷つけない」ことを、断固たる決意をもってめざしている。

サーバントになるには、とりわけサーバントリーダーという、努力なしには果たせない役目を担うためには、遅くとも高校生の段階で（できればもっと早くに）準備を始めるべきだ。サーバントは、「権力」と「競争」という二つの重要な問題に関して、その特有の行動・思考パターンに立ち向かえるようになる必要があると思うからである。

権力

権力については、私には述べるようなまとまった意見はなく、断片的な考えをいくつか持っているにすぎない。不完全な世界では、権力の濫用は常にどこかで起きるだろう。ただ、現代は大きく複雑で、組織が結びつき合う社会になっているため、複雑さがこれほどではなかった時代、どこの誰が威圧的なのかがもっと容易に認識できた時代に比べ、権力の問題はいっそう大きくなっているように思われる。

また、二〇〇年ほど前からは、権力者にもたらされるダメージが明確に示されている——一七七〇年にはウィリアム・ピットが庶民院で「無制限な権力はそれを持つ者の心を腐敗させる」と述べ、一九世紀末にはアクトン卿が、「権力は得てして腐敗する。絶対的権力は確実に腐敗する」という、さらによく引用される言葉を述べているのだ。このフレーズを、カトリック教徒であるアクトン卿が一八七〇年の教皇不可謬説に猛反対して述べたことは注目に値するだろう。それにしても、ピットもアクトンも、「腐敗」をどのようなものだと考えていたのだろう。私は「尊大さ」と、それに続く「さまざまな弊害」のことだと思っている。

『リーダーとしてのサーバント』で、私はジョン・ウルマンについて述べた。奴隷を所有するクエーカー教徒に対し、奴隷を解放するよう一人ひとり説得してまわった、一八世紀のアメリカのクエーカー教徒である。彼は説得力ある主張をし、半分は奴隷を思いやる気持ちを述べた。あとの半分は、奴隷所有者とその家族への悪影響を述べた。そして、奴隷所有者が子孫に残すことになるものについて言及する際に、彼もまた「腐敗」という言葉を使った。

以前、どんなことがあれば意欲が高まり仕事が魅力的になるかについて、ある大企業の経営責任者と話していたところ、彼が真っ先に挙げたのは「権限を行使する機会」だった。金銭的報酬や名声、奉仕、独創性に富む仕事に先んじて、である。彼によれば、そうしたものはどれも、重い責任を負うことの埋め合わせにはならないというのだった。

数年前にはある友人が、慈善基金団体のトップに選ばれた、と電話をかけてきたことがある。そういう組織のトップになるのは、彼には初めてだった。私は、その手の組織とずいぶんかかわってきたので、すぐに答えた。「これからは、誰が味方かわからなくなる――それを最初に知ることになるだろう」と。これは深刻な弊害である。

財団の代表として初めて手がけた重要な仕事のことは、決して忘れない。新しい補助金計画のことで一〇ほどの大学をめぐって帰ってきた私は、空港へ迎えに来てくれた妻に、どんな具合だったかと尋ねられた。

「わからない」と私は答えた。

「こんな経験は初めてだ。仕事を始めてからというもの、自分の考えを認めてもらうために常に闘ってきたし、一筋縄でいったことなど一度としてない。ところが今回の、名門大学のお偉方との話し合いでは、私が何を言っても、『それは素晴らしい』とばかりに受け容れられてしまったんだ」。それは、腐敗を目の当たりにした経験だった。

財団の代表のなかには、そうした腐敗に染まっていない人もいないわけではない。ただ、寄付分配の役割を負う組織の力はおよそ絶対的と言ってよく、きっと腐敗する。断言してもいいが、すべての権力がそうである。経験してはっきり知っていればこその確信だ。

サーバントになる可能性を持つ若者はなんとかして、権力と、それが行使者と目的に及ぼす影響とを意識できるようになる必要がある。『サーバントとしてのトラスティ』で、私は次のように主張した。「十分に機能している理事会が厳しく監督することなしに、誰も、断じて誰も、権力の行使を委ねられるべきではない」と。今では表現をもっと一般化して、「サーバントになる可能性を持つ若者は、すべての権力行使の役割について、対等で有能な仲間と共有する場合を除いて避けるよう、助言を受けるべきだ」と述べている。

権力の腐敗を避けるにはまず、権力行使の役割を一人では決して引き受けないことだということを、サーバントになる可能性を持つ若者が受け容れるなら、そしてそれを若いうちにたしかなものにできるなら、そうした簡単で自然な原則をもとに生き方が確立されるかもしれない。権力を自分だけの手に握りしめることなく重要な役割を果たそうとするなど、権力を一人で行使するのが当たり前になっている人にとっては、簡単で自然なことではない。CEOの地位に就いている人（唯一の権力行使者）なら、およそ誰もがこう言うだろう。「それでは成功しない、一人の人間が絶対的な権力を持たなければならないのだ」と。

しかし、もし今日の優秀な若者のうち、サーバントリーダーシップのビジョンを理解し、それを早い段階で生き方に組み入れる人が十分な人数になったらどうだろう。ひょっとすると、そうした若者たちが壮年になったときには、現在は当たり前のように受け容れられている、一部の人々の、権力を求めてやまない気持ちを病的なもの――それこそが病気の社会を生み出しているからだ――としてレッテルを貼る日が来るかもしれない。

人生の早い段階でサーバントリーダーシップの精神を受け容れる人たちは、競争についても同様の見方をするように、すなわち、正常な人間的特徴ではない、奇妙な行動であるとして捉えるようになるだろう。そして、相当数の有能な人たちがそうした見方をするようになったら、きっと違う世界が生み出される。ただ、時間は少し必要である。

競争

人間なら「当たり前の」ように持つ競争したいという衝動が、生来のもの――人間という動物の性《さが》――なのか、それとも後天的なものなのか、それを判断するのは難しい。難しいのは、人間の文化では競争することが前提になっていて、幼い頃から競争するよう刷り込まれるために、もし競争のない文化で育てられたら人類がどうなるのか、誰にも判断がつかないからである。

先日、とある医大で行われた会議で、「製薬業界の倫理」というテーマについてのパネルディスカッションに参加した。会議に先立ち、録画された数週間分の薬のテレビコマーシャルを、私たちは二〇分の間、次から次へと見た。

スポンサー提供の番組を見る代価として、時折ああいうおかしなコマーシャルを見ることになるのは、そもそも気分のよいものではない。しかし、二〇分間ひたすらコマーシャルだけを見続けるというのは――それはイライラさせられるものであり、趣味や知性や誠実さを侮辱するものだった。

会場には怒号が飛び交った――「こんなものを見せて何になるんだ！」

そうした怒りの声を少し聞いたのちに、私は発言した。「今見たようなコマーシャルにそんなに腹を立ててはいけない。この国では、明確な社会政策が打ち出されており、刑事罰を伴う厳しい法律に後押しもされている。こういう業界は、ビジネスのルールとして、食うか食われるかの競争をして事業を行うことを余儀なくされる。事業を否が応でもそのように行うことになるなら（そして価格のほかには実のところ大した影響がない場合は）、私たちが今目にしたような結果になっても驚くにはあたらない」

会場にふたたび大声が響き渡った。「あなたならどうするのだ、独占禁止法を廃止するのか」

私は答えた、「それはわからない。私が言いたいのはこれだけだ。食うか食われるかの競争をすることが業務監査の役目を果たすと言うなら（あなたがたは果たすと言っているわけだが）、今見たような結果がもたらされても驚いてはいけない、と。しかしそもそも、独占禁止法の何がそんなに立派なのか。独禁法は、何かの偶然で生まれたわけではない。明確な社会問題――どうすれば企業から最高の奉仕を引き出せるか――に取り組むために人間がつくった、まだまだ未完成な代物なのだ。その上、不健全なものが一緒に生まれてしまい、その一つが今、私たちが目にしたものだ」

この発言によって激しい議論が始まったが、結論には至らずじまいだった。つまるところ、「競争が無批判によいものとして受け容れられ、文化に深く根付いてしまっているのに、一体どうすれば人や組織から最上の奉仕を引き出すことができるのか」という疑問に対して、より適切な答えはないということだろう。サーバントになる可能性を持つ若者がサーバントリーダーになる準備をするにあたり、競争の問題は大いに吟味され、代わりになるものが探求されなければならないのだ。

compete（競争する）という単語の使い方には興味深い歴史がある。この言葉を、現代では「誰かと戦う、論争する」という意味で使っているが、語源であるラテン語のcompetereは「一緒に探求する、努力する」を意味する。「競争」の由来となる語には、それは争う関係ではなくむしろ協力的な関係であることが明確に示されているのだ。

こんなことを述べても、個人のジレンマを解決することにはつながらないかもしれない――私たちがなんとかして相手を打ち負かそうとし、そういう争いを社会が道徳的にも法的にも承認して支援しているときには（先日、「ユダヤ・キリスト教の倫理と現代の企業」というテーマについて話し合う会議に出席した。主要な宗教の神学者が二五人ほど出席していた。資料のなかでも会議でも、「公正さを欠く」競争についてはたびたび言及されたが、競争そのものについては神学者からただの一つも疑問の声が上がらなかったように思う）。

私は次のように考えている。もし、今よりもっと思いやりのある、奉仕し合う社会へと進んでいけたら、競争は、完全になくなることはないとしても、鳴りをひそめるにちがいない。また、そうした動きを神学者が主導しないなら、サーバントとして活動する人は、そして神学者も、何か事が起きたあとでその結果にもっともらしい説明を与えるだろう、と。サーバントたる人は競争心を持たない。しかしそれならば、その積極的な姿勢はどういうものだと考えられるのか。

　奉仕と競争は正反対のものだと私は思っている。奉仕したいという衝動が強ければ強いほど、競争への関心は薄くなるのだ（この問題の全体像については、ピョートル・クロポトキンの古典『相互扶助論』〔同時代社〕を読んでほしい）。サーバントは、みずからの行動がもたらす結果に大いにかかわりがある。奉仕を受ける人たちが、奉仕を受けている間に、より健康に、聡明に、自由に、自主的になり、みずからもサーバントになる可能性が高まっているか。また、社会の最も恵まれない人たちに対する影響はどうか。そうした人たちが何か恩恵を得ているか、少なくともいっそう困窮することになっていないか。さらには、サーバントの行為によって、当たり前のように傷つく人が一人もいないか。――サーバントは、競争などしなくても強いのだ。しかし、残念ながら、この社会は競争社会だと私たちは宣言してしまった。そのような社会で、どうすればサーバントは果たすべき務めを果たせるのだろう。

サーバントリーダーは強いのか、それとも弱いのか

権力欲の強い人は、競争を好み、かつ得意とする（つまりたいてい勝つ）人であり、私がこれまでに述べたようなサーバントリーダーのことを、弱いとか考えが甘いとか、その両方だと判断する。しかし、個人の背後にある、その人が奉仕する組織を見てみよう。一体何が（あるいは誰が）、その組織を強くするのだろう。

長期にわたって最も強く生産的であり続けている組織は、ほかの点では他と変わらないとしても、組織の目標を支持してなされる自発的な行動が抜群に多い。その組織に勤める人たちは適切なときに「適切な」こと――全体としての効果が最も高くなること――をする。なぜなら、目標が明確かつ包括的であり、また何をすべきかを人々が理解しているからである。彼らは、それがなすべき正しいことだと信じており、指示されなくても必要な行動をとるのだ。そうしたことが完璧にできた組織はまだない。しかし私はこう思っている。ほかの点で違いがないなら、そのように自発的な行動が最も多く行われる組織が「強い」、あまり積極的に行動を起こそうとしない同レベルの組織より強いと判断されるだろう、と。

本書で、「偏狭なものの見方」について述べたときに、競争のきわめて激しい業界にあって、

利益性、製品の質、さらには他のどの企業も頭を抱える労使対立の問題がないという点でライバル会社をしのぎ、大きな成功を収めている企業の例（X社）を挙げた。最大の違いは、この優れた企業には、他社を上回る自発的な姿勢があったことだ。会社のために、社員は他社の社員がするより多くのことを、みずから進んで行うのである。

ただしそれは偶然の産物ではない。この会社の創業者は――数年前に亡くなったが――、社員のことを最優先に考えていた。結果として、社員は果たせるかぎりの務めを果たすようになり、会社は業界のトップに立ったのである。それは「社員重視」の会社だ。この考え方を実践している企業はほかの業界にもある。そして、他の条件が同じなら、そうした会社は、社員について同様の考え方を持たないライバル会社に比べ、例外なく強い。

企業に勤めた経験から言えるのは、最高幹部が「社員重視」の方針をとっていないときでも、「強い」管理職たちは、「社員重視」の考え方をして会社を強くすることができる。AT&Tではときに意識調査を行うことがあり、その折に私たちは「雨傘」効果と呼ぶものに気が付いた。最高幹部の姿勢のせいで社内にネガティブな考え方が広がっているときでも、「強い」管理職なら部下たちを前向きな姿勢にできるのである。

有能な管理職はサーバントであり、その下で働く部下たちを強くできる――彼らに投影される幹部の方針がそうした強さを奪おうとしているときでさえも。ただ、そうした管理職は、意志の固さや信念や粘り強さという意味で、真実強くなければならない。

また、社内で組織に関する難題が起きている場合、権力をふるう抜け目のない幹部は、サーバントと思われる人を探し出し、その問題に対処させ、「説得によって」解決させようとする。これはいたって現実的な理由のためである。強制したり操ったりして問題にかかずらうよりいいのである。

「サーバント」も「説得」も、もしかしたら「物静かな」言葉に思えるかもしれない。たしかにどちらの言葉にも、世界を一つにまとめてしっかり機能させるのに必要だと思われる断固たる態度、というニュアンスはない。

一九七〇年に、サーバントリーダーのコンセプトを文章にしてまとめたとき、「奉仕する」と「導く」のどちらの言葉もあまり注目されなかった。今では、「導く」はかなり認められるようになったが、「奉仕する」は相変わらず多くの思慮深い人々から疑問を投げかけられている。

私が「奉仕する」「導く」「説得する」という言葉を掘り下げ続けることにしたのは、そうした言葉の私にとっての意味を通してこそ、産業化による没個性化のせいで失われてしまった尊厳を回復できると思ったからである。尊厳があれば、個人も、個人がその部分となっている組織も、強さを――奉仕する強さを持てるようになるのだ。

サーバントという考えの今後の展開――いくつかの考察

サーバントについて本書を含めこれまでいろいろ書いてきたが、そのほとんどで、私はリーダーシップと組織構築の問題を述べてきた。そして、執筆することと、執筆したものについて権力と影響力のレバーを握る人たちと意見を交わすこととを一〇年にわたって繰り返したのちに、この社会がもっと思いやりのある社会へ向かっていくよう先頭に立って導くのは、今リーダーの地位に就いている人たちだとは思えなくなっている。先述した四つのような「偏狭なものの見方」があまりに広く浸透してしまい、解放のビジョンを生み出す源泉を、あるいはそれを受け取る寛容な心を、私の世代は持てなくなってしまっているようにも思われる。壮齢をすぎた人たちには、この社会をもっと思いやりのある奉仕し合う社会にするためにできることは何でもやってもらうべきだ。しかしながら私は同年輩の人たちに多大な期待を寄せてはいない。

私たち（の一部の人）はよく知っている――どうすれば若者に、妥当で可能なものの限界を遠くへ広げようと意欲を高めてもらえるのか、さらに、そんな彼らのうちの何人かに、どうすればもっと思いやりのある組織をつくる有能な人間になってもらえるのかを。

私が最も気にとめているのは、どのような包括的なビジョンがあれば、若者を導くメンターの意識と意欲を高められるのか、ということだ。そうしたメンターは強く有能である。そして信じている――十分に心構えのできた若者は、サーバントリーダーシップが生き方の不可欠な部分になっており、われわれ壮年を超えた者には夢に見ることしかできないことを実現するだろう、と。

願わくば、いや是非にと願うのは、一部の（できれば多くの）若者が、意識的な選択によって生き方を決められるようになり、大半の年配者が今日果たしている以上に「奉仕」という役割を担えるようになってくれることだ。私がこれまで書いてきたことは、若者にとって直接的に役立つものではないかもしれない。しかし、若者を導くメンターになろうという才能と意志と勇気を持つ人にとっては、得るところが多々あるはずだ。そうしたメンターにとって、心に受け取る報酬がきわめて大きくなると私は思っている。若者がサーバントリーダーになるのを手伝う以上に年配者に満足をもたらすものが、果たしてあるだろうか。

『サーバントとしての教師』で私は詳細に述べた。教授は大学の支援がなくても、きわめて多くの学生がサーバントとして成長するのを間違いなく後押しできる、と。そして次のように推測した。もし、今こそチャンスだと知らせることができたら、アメリカの大学にいるおよそ五〇万の教授のうち〇・一パーセントの人が率先して、そうした貴重な支援を学生に与えるようになるかもしれない。そしてもしその〇・一パーセント（五〇〇人）が、教授を務めている間ずっと支援し続けるなら、次の世代がこの国のリーダーシップの黄金期となるのを後押しできるかもしれない、と。

この支援のために、大学が予算を増やす必要はない。カリキュラムを変更したり、組織として手助けしたり、理事会が旗を振る必要もない。必要なのは、ほんの一握りの、ただし覚悟と鋭い感性を持つ教授、本物のサーバントであり、特別な報酬や手当がなくても――ときには反対意見に直面しても――、基本形というべき「導き方」で学生を導く教授だ。すなわち、冷たく、思いやりが薄く、競争の激しい、暴力に満ちた社会と思われるこの世界で、どうすればサーバントになれるのかを、そうした教授は前に出て、みずから手本となって示すのである。サーバントたるそのような教授は、聖書で言うところの、救いをもたらすレムナント（残された者）なのかもしれない。また、そうしたレムナントは、社会的な力を持たず、支持されず、経済的に豊かでもないのがふつうだ。

今ここで、この主張をある別の表現に改めたいと思う。（〇・一パーセントの教授たちに）「今こそチャンスだと知らせる」ではなく、「チャンスに対するビジョンを持ってもらう」という表現を使おう。

この提案に応えてくれるのは学長、とりわけ小規模な大学の学長かもしれない。しかし大規模な大学の学長である可能性もある。その学長は選ばれた学生リーダー向けに、卒業単位に含まれないゼミを主宰しようと申し出るかもしれない。ゼミでは、専門家を招いてディスカッションが行われるかもしれないし、学長と学生リーダーによって、現代のリーダーシップの役割についての互いの関心事が話し合われるかもしれない。

私が学生リーダーと話したときには、彼らが、学長が気にかけているのと同じ問題、すなわち心のあり方の問題に関心を持っていることがわかった。こうしたゼミは、学長にとっては学生と密にかかわる有用な場に、また学生にとってはリーダーシップについて互いから、さらには学長の経験から学ぶ機会になるだろう。学長も、リーダーシップについて学ぶべき何かを——この問題についての新たな考え方を得るかもしれない。

サーバントという考えがこの先花ひらくかどうかは、私たちのなかの一部の人——ビジョンを掲げて人々の意識を高めることに、エネルギーを傾け、果敢に挑む人々の肩に、ほぼ完全にかかっている。ただ、今日のような大きく複雑な社会では、誰か一人が説得力のある予言的な発言をしたところで、一九世紀のデンマークでグルントヴィが出したような成果はもたらせないかもしれない。現代においては、大勢の予言的なビジョナリーの組織がおそらく必要なのだ。しかし、最終的な成果は変わらない、と私は思っている。「教える人たち」（組織ではなく個々の）はやはり意欲を刺激されて、社会を築く若者の意識を高めると思うのだ。そして「教える人たち」はきっと、サーバントになる可能性を持つ若者に声をかけ、サーバントリーダーになる準備をさせる。そのような「教える人」は、教授かもしれないし、大学の学長かも、教会で若者とともに仕事をする人かもしれない。親である場合もあるし、専門家、あるいは若者を交えて活動するボランティアということもある。

ただ、どこにいるどんな人であれ、彼ら「教える人たち」は、しっかりとビジョンを持って、やり方を知っていることをする。まず、希望を抱かせる、あるいはもっと強く持てるようにする。すると若者は、世の中を受け容れて、ありのままの世界――貪欲で暴力的で不公平でありながら同時に美しく思いやりがあり支え合っている世界――で豊かに生きることは可能だと信じられるようになる。また、自分たちがきちんと対処していけること、そしてもし生涯をかけて取り組み続けたら、世界のほんの一部分を、今まで見てきたより少しだけよいものにできることを信じられるようにもなる。すると「教える人たち」は、できるだけ多くの若者に対してそのサーバントの芽を育て、有能な若者たちに「導く」覚悟をさせやすくなる。

以上のように考えているので、私はサーバントについての考えが巨大な流れとなって未来へ向けてすぐに進展していくとは思っていない。

私は、若者に希望を持ってもらうこと、一部の若者には奉仕して導く覚悟を持ってもらうことを前提に、この考察を行っている。また、壮年を過ぎた私の希望は、セミナリーや財団がしっかりと機能する理事会を持ち（あるいは見つけて）、自己再生できる組織にきっとなるという信念に支えられている。

そうした組織へと変化したセミナリーや財団は大学や教会にとって、予言的なビジョンを生み出す源に、そして組織力の土台になる。すると今度は大学や教会が、個人や活動組織――この複雑な社会を構成し、巨大な構造を持つ組織――を支えられるようになる。こうした支え合う仕組みは、教える人たちの、サーバントに対する励ましがその中核をなす。そして、背中を押されたサーバントのうち一部はサーバントリーダーとなって、セミナリーや財団を含めたあらゆる種類の組織のなかで再生力を生み出す存在として活動し、こうして循環が繰り返されていく。

しかしながら、このプロセスの原動力はセミナリーや財団の理事会である。カギは、並外れて有能で献身的な理事が、このプロセスを開始し、持続させられるか否かなのだ。この役目を果たしてくれる人はきっといると私は信じている。それが、私の希望を支えている思いである。

希望の向こうには、願望にすぎない、しかしぜひ話したい未来がある。そうしたサーバントリーダーのうち何人かが、求道者――予言的なビジョンを探し、見つけてもなお探し続ける求道者――のコミュニティを一つにまとめ、それが新たな文化をつくる力となって、進化する思いやりのある社会をめざして進んでいく、そんな未来である。

そうしたコミュニティ（予言的なビジョンを探し、見つけてもなお探し続ける求道者であるサーバントのコミュニティ）ができれば、今あるどんな組織とも全く異なる新たな種類の組織が、ひょっとして生まれるのではないだろうか。それは企業かもしれない。教会、学校、あるいは政府の一部署かもしれない。あるいはそれらの機能を併せ持つ組織かもしれない。いずれにしてもそれは今までにないものであり、そういう組織が現れることはすべての人に、とりわけ若者に希望を予感させるだろう。

こんな具合に、二一世紀に対する予言的なビジョンは私たちのもとへもたらされるかもしれない――詳細な言葉によってではなく、何人かの謙虚なサーバントが「ほら、これが未来の世界ですよ」と言うことによって。

新たな組織とはどのようなものなのかを、そうした組織が生まれることによって私たちの日常の質にどんな意味がもたらされるのかを、じっくり考えてほしい。そのように深く考えると、新たなビジョンをすんなり受け容れる土壌が整って、過去に例のない組織が実際に現れやすくなるだろう。

解放のビジョンについて

「心を解き放つビジョン」を受け取り、伝え、対応することについて最後の説明をしよう。「心を解き放つビジョン」は人を欺くものである。どういうことなのか。私自身の経験から例を挙げて話したいと思う。

大学と緊密に仕事をしていた一九六〇年代後半、学生が夢中になることの一つに、ヘルマン・ヘッセの小説を読むことがあった。大学の書店では作品がそれぞれ山積みにされていた。いや、作品によっては今もだろう。私は学生の心のなかで何が起きているのかをぜひ知りたいと思い、ヘッセの作品をすべて、書かれた順に読んでみることにした。そのなかに一冊の伝記があり、それを読むと、作品の執筆と並行してどんなことがヘッセの人生で起きていたかを知ることができた。

若い頃のヘッセが精神病に苦しみ、入退院を繰り返していたことは、当時の作品に反映されている。転機となったのは『東方巡礼』（新潮社）だ。ここからのちは穏やかな日々へと向かい、後年には最も素晴らしい小説『ガラス玉演戯』（復刊ドットコム）を完成させ、ノーベル文学賞を受賞した。

私は『東方巡礼』を希望に満ちた作品だと思った。なぜなら、巡礼の旅（おそらくヘッセ自身の旅）をする人々に付き従う主人公のレーオが、召使い（サーバント）として雑事をこなしながら、気概と歌で一行を励まし続ける物語だからである。レーオの存在はきわめて重要だ。旅は順調に進むが、レーオがいなくなったとたん、一行は混乱状態に陥り、旅が頓挫してしまう。召使い（サーバント）のレーオがいなければ、何一つうまく進めることができないのだ。

一行の一人である物語の語り手は、何年もさまよったのちに偶然レーオに出会い、旅の主催者である修道会へ連れていかれる。そこで初めて、ずっと召使い（サーバント）だと思っていたレーオが、実は修道会の長であり、指導者であり、高潔な優れたリーダーであることを知る。私は、レーオの物語のおかげで、『リーダーとしてのサーバント』を書くヒントを得たのだった。

のちに、あるカトリック教会のシスターが来て、私が『リーダーとしてのサーバント』のなかで述べたことについて意見を交わした。その折に、私が見つけたなかで、サーバントという考えに言及している最も古いものは何かと尋ねられた。それはもちろん聖書ですよ、と私は答えた。旧約聖書のなかにすでに書かれていますから。シスターがなかなか鋭い質問をした。「ではなぜ、ヘッセを読んだおかげだとおっしゃるのですか」。私は答えた。「あの作品を読んで、リーダーとしてのサーバントについて書こうとひらめいたからです。レーオの物語を読んでいなかったら、このテーマについて書くことはなかったかもしれません。あんなふうに心をゆさぶられたのは、ヘッセのあの物語が初めてでした」

ここまでずっと解放のビジョンというテーマについて述べてきたが、はっきりとビジョンを得たのは、一九六〇年代の学生騒動に深くかかわり、学生の心のなかで起きていることを理解する手がかりとしてヘッセの作品を読んだためだった。解放のビジョンによって私は人生のいっそう面白く豊かなステージへ誘《いざな》われ、そしてそのビジョンをもたらしてくれたのがヘルマン・ヘッセなのだ。

この小論『サーバント』は、「解放のビジョン」を受け取り、伝えて、対応することと深くかかわっている。前述した体験から学んだのは、解放のビジョンはいつでもどこからでもやってくる可能性があること、そして特定の神学的要素が見受けられる場合もあればそうでない場合もあるということだ。私にとって重要なのは次の四点である。

①この世界によってもたらされる経験に集中する
②その経験にかかわる人々を受け容れ、彼らの心を動かすものを理解しようとする
③得も言われぬ神秘を、まず畏れ敬い、そして受け容れる。そうした神秘は、人間的動機に対する理解の源を覆い隠してしまうが、ビジョンへとつながっている
④ひらめきによってもたらされるものを何でも進んで受け取り、それに基づいて行動する

あるとき、夢を見た。この一〇年間に経験したことと何か関係があるかもしれない夢である。晴れ渡った夏の日に、私は美しい広大な森の、迷路のような小径にいる。自転車に乗り、手には行くべき方向を教えてくれる地図を持って、小径を進んでいる。楽しく心のはずむ経験であり、たしかにそうだという確信もある。ところが突然、強い風が吹いて、地図が飛ばされてしまう。自転車を止めて振り返ると、地図は舞うように地面に落ち、それを老人が拾って、私のほうへ差し出してくれる。私は地図を受け取るために歩いて戻るが、そばまで行ったとき、

老人は地図ではなく、生き生きとした苗の植わった丸い小さな土のトレイを差し出す。

ビジョンがなければ民は滅びる。

——箴言二九章一八節（キング・ジェームズ訳）

今では既に証明されていることも、かつては想像がめぐらされているだけだった。

——ウィリアム・ブレイク（『天国と地獄の結婚』）

追記

この小論を書いているときに、教会関連の小規模な大学から招待状が届いた。大学の新たな目標について意見を交わしたい、大学の仕事として、サーバントリーダーシップに対する準備を優先事項にするつもりだ、というのだった。私は、教授たちと意見を交わし、さらに学生リーダーたちとも話をした。サーバントリーダーシップについて大学が真剣に考えようとしているとわかって、私は大いに励まされる思いだった。

帰り際には次のように助言した。この変化を「成文化」しようとせず、リーダーシップを委ね、幅広い議論を促して、新たな流れを自由に生じさせるように、と。そうすれば一人ひとりが、いずれは意見の一致が生まれるという希望を胸に、目標へ向かって取り組めるようになる。これが、サーバントリーダーシップである。意見が一致し、自発的に行動し、やがてしっかりと足並みをそろえて未来へ進めるよう、サーバントリーダーシップは手助けするのである。

第2章

教育と成熟

一九六〇年一一月三〇日、第五回隔年職業指導会議で、
バーナード大学の教授および学生を前に行った講演より

成熟という言葉には、多くの意味があります。人に対して用いる場合はとくにそうでしょう。ただ、私の考える「成熟」は、「最高の自分になる」という言葉と強いつながりがあります。成熟を促す大きな力になるのは教育、とりわけ一般教養教育です。また、成熟のプロセスについての深い意味は、経験からしか生まれません。簡単に言えばそういう枠組みのなかで、これから教育と成熟というテーマについてお話ししてみたいと思います。

ウィスコンシン州マディソンに住む友人は、よくフランク・ロイド・ライトの話をします。ずいぶん昔、設計工房のタリアセンがスプリング・グリーンにあった頃のことです。あるときミスター・ライトはマディソンのとある女性クラブから、「芸術とは何か」というテーマで話をしてほしいと頼まれました。依頼を受けて、彼は約束の時間に行き、紹介されたのちに話を始めました。

全盛期にあった彼は堂々たる風貌で、舞台映えし、声もよく通りました。紹介に対して礼を述べると、彼はポケットから小さな本を取り出しました。そしてハンス・クリスチャン・アンデルセンの、人魚姫が登場する童話を読み始めたのです。朗読はみごとで、一五分ほど続きました。読み終えると、彼は本を閉じ、聴衆をじっと見つめて言いました。「これが芸術です」と。そして腰を下ろしました。

今日、この話について考えながら、成熟というテーマに関しても同じようにできればいいのだがと思いました。成熟とは芸術や美徳のようなもの。既に十分証明されており、それについて話すなどおこがましいように思うのです。

ここでお話しすべき、成熟するための決まった方法などはありません。私がめざすのはただ一つ、今生きている人生や時代における成熟の意味を、みなさんにじっくり考えて見つけられるようになってほしいということだけです。私たちは一人ひとり違う人間なので、見つけるべき意味も一人ひとり異なります。ただ、共通の土台として、成熟の意味について考える方法は見出したいと思っています。

　成熟に関して学んだなかで最も重要なのは、自分を独自の存在にするものが現れ、十分に育つことに、私たちは生涯にわたって最大の関心を傾けるべきだということです。注意を向けるべき重要なことはほかにもたくさんありますが、これについては決して、目をつぶったり脇へよけたりしてはいけないのです。

　そのことを、私は苦労して学びました。そんな重要なことを全く顧みない期間が長く続き、その間私は成熟する手段を探すのに自分の外を見ていました。人生に対するよくある苛立ちについて「答え」を探していたのです（ここで言う苛立ちとは、やる気が削がれて前向きに対応できなくなる苛立ちのことです）。

　長い年月が過ぎました。しかし答えは見つかりません。ずいぶんかかってようやく見出したのは、苛立ちに対して本当の答えを得るには、自分を独自の存在にするものと向き合い、それを引き出そうとするよりほかない、ということでした。自分を独自の存在にするものが現れて初めて、人は本当に創造的な時間を経験できるようになります。そしてその時間に深く入り込めるようになると、およそ誰もが長い間感じるのと同じ苛立ちが和らぎ、外の世界で前向きに行動する衝動と勇気がもたらされます。

どのような人生も、どれほどありきたりな人生であっても、エゴを強くする経験とエゴを壊す経験がミックスされてできています。そうした経験の力は、責任が大きくなれば、比例して強くなります。成熟とは、エゴを破壊する経験に耐えられること、そしてエゴを強くする経験をしているときにバランスを失わないこと、これが私の知るかぎりよい定義だと思います。キップリングの詩にあるように、「勝利したときも敗北したときも……」ということなのです。

私は経営開発の分野にとくに関心を持っています。そのため、非凡な経営手腕が発揮された組織については、必ず詳しく調べます。するとたいてい一人の有能なマネジャーがいます。部下の隠れた能力を開花させ、重い責任を立派に果たせる力がしっかり育つように、その部下を導く才能を持つマネジャーです。

私の知るなかで最も優れたマネジャーは、その哲学の中心にこんな考えを持っています。経営技術の重要な教訓を得るには、ミスによって引き起こされた事態に耐え、その経験全体から学ぶ以外にない、という考えです。これによって成熟度を測ることができます。ミスをしないようにする、ミスが起きたときに（おそらく起きます）それによって引き起こされる結果を受け容れる、そこから学び、すべてを清算して、罪悪感を覚えることなく一からやり直す、そうしたことができるかどうかがわかるのです。

ただ、これには自分に対する特別な目が必要です。自分が個人として大切な存在であるという意識を持ち続けることが重要なのです。それは心の奥底から湧いてくるものです。私はつまらない存在ではありませんし、この先もつまらない存在などにはなりません。私は、過去あるいは未来のどんな人とも違う、創造の担い手です。みなさん一人ひとりもまた、そういう存在です。今、失意のどん底にいようと、どんな重大な失敗をしたのであろうと、信用をなくして不面目な状況になっていようと、結果を受け容れそこから学ぶことによって、必ずもっと強くなって立ち直ることができます。自分という人間に対するこの基本的な見方を、決して忘れないでください。

友人が、四歳の息子についてこんなことを言ったことがあります。「息子にとって、世界は半径六フィートだ。息子はその中心にいて、どこへ行くにもその世界ごと移動している」

これは子どもならではの自己中心的な姿勢を表すものであり、大人になるにつれて、すなわち社会的になり責任を引き受けるにつれて薄れていく、と一般には考えられています。私はむしろ、成熟するにつれて質が変わる、と言いたいと思います。人は相変わらず、自分の世界の中心にいるのです（でなければ独自の、他とは違う存在になれるでしょうか）。

ただ成熟すると、自分の世界とする人や考えや出来事の範囲が無限になり、それらに対し私たち一人ひとりがそれぞれの考えや言葉や行動によって影響をもたらします。次いで、一人ひとりが心をひらいて、影響を受け容れるようになります。影響したりされたり、その際の衝撃を吸収したりする私たち一人ひとりのこの力は、鋭い感性を持つ人、すなわち私たちを独自の存在にするものを引き出してくれる力の出現によって大きくなります。この考えは、誰かのせいで苦しむことになるときに——今まではまだなかったとしても、いつかそういうときが来ます——、自分専用の明かりとして大切に持っておくべき重要なものです。

これが、成熟についての中心となる考えです。自分専用の明かりを点《とも》したまま、自分の考えるとおりに思いきって前へ進み、成功にも失敗にも、ふだんの日課にも向き合うということなのです。そしてこれこそが一般教養教育です、なぜなら人生とはそういうものだからです。今、大学生活を送っていて、自分が何者かということ、自分には専用の明かりがあるのだということしか学んでいないとしても、大学にいたことは十分意味のあるものになるでしょう。

独自の存在であるという考えによって、探求が始まります。人を独自の存在にしているものの一部が生まれつき悪であるかどうか、その点についての推論は神学者に委ねます。私としてはこう言いたい。それがどんなものであれ、引き出して、立ち向かいなさい。それを使って、優れた独創的なものをつくりなさい、と。オスカー・ワイルドは私たちのためにこんな言葉を残してくれています。「どんな聖人にも過去があり、どんな罪人にも未来がある」

私たちはみな、思っている以上に、自分が暮らしてきた文化に条件付けられています。今日、世界でさまざまな紛争が起きていますが、そのきわめて多くが、現代の移動やコミュニケーションの影響を思いがけず受けたことに端を発しているかもしれません。文化的相違が突然、直接ぶつかり合うことになってしまったのです。これにより、その衝突に持ち込んでいる、自国の文化に対するバイアスを、私たち一人ひとりが理解することが不可欠になっています。

しかし、こうしたことをすべて認めつつ、何かしら無条件にその人を独自の存在にするものは、すべての人のなかで、いつでもその姿を見せてくれるものだと私は信じています。それが、私たち一人ひとりが意識して取り組むべき、「引き出し」のプロセスです。よくてもかろうじて知覚される程度のプロセスですが、私たちはそのプロセスを使って引き出さなければなりません。ここから先は、目下とくに重要だと思われるこのプロセスについてお話しします。

引き出す力が人生にかかわる重要なものとして生じたら、しっかり取り組むべき大きな問題が四つあります。わけても、この職業指導会議に集まったみなさんが心に留めるべきは、これです。

一生の仕事を選ぶときには、第一の目的として、従事する仕事において自分を独自の存在にするものを見つけること。もし見つからなければ、T・S・エリオットのうつろな男のようになって終わってしまうでしょう。

可能性と実在の間に
理想と堕落の間に
抜け殻は存在する

人生の最もよい日々を注ぐことになる仕事を通して、自分の独創性を、せめてときには胸が躍るほど刺激されないなら、どんな仕事も、どんな目的も、努力を傾けるに値しません。そのため、数ある問題のうち私の経験のなかで明確になった四つをお話ししたいと思います。みなさんの前には多くの選択肢があるとはいえ、今後の経験に活かしてもらえたらと思うのです。

一つ目の問題は、重圧と責任によって引き起こされる結果です。企業であれ、団体、政府、あるいは家庭であれ、どんな仕事にも、可能性を広げる場合と限界をつくる場合の両方があります。人を成長させる面もありますが、狭量にしてしまう部分もあります。炎を大きくすることもあれば、消そうとすることもあるのです。同じことは、みなさんがこれまで教育その他に関して選択をしたときにも必ずある程度は起きています。仕事をしていく上では、もっとたくさん起きます。

例外はないと思います。完全無欠の人間はいませんし、そんな人がいることは可能性さえありません。また、理想的な成果を期待するのも、一生をかけてしようと思う仕事に何もかもが完璧にあるいは永遠に適合していることを期待するのもいけません。私は、納得のいく成果をあげられたと思うとき、いつもウォルト・ホイットマンの「大道の歌」にある力強い一節を思い浮かべます。

さあ、十分に理解しよう――ものごとの本質として、
何であれ、どのような素晴らしい成功を収めようと、
さらに苦しい努力を必要とすることが必ず出てくるだろう、と。

より大きな重圧に耐えて責任を引き受けられるようになるにつれ、さらなる努力を必要とするものごとが出てきます。そうした状況に長く身を置いていると、多大な努力をして視野を

どんどん広げなければ、知力が制限されてしまうのです。現状維持、つまり在学中に持っていた知的好奇心のレベルのままでは不十分です。知的な生活は広げなければならないのです。また、責任を負う人には知的好奇心、すなわち理解の探求が衰えるリスク、抜け目ない合理性だけが存在し続けるリスクが、常につきまといます。

実際には行動するときに試されることになります。これはつまり、行動を起こすべき問題を抱えていて、しかし具体的に何をすればいいのかわからない場合（この難題は責任を負うすべての人が常に抱えています）、その問題について理解が深まる行動を選ばなければならないということです。

この講演を聴いて何か一つだけ心に留めておこうと思うなら、ぜひこのことを覚えておいてほしいと思います。問題を意識する主な理由は、自分自身や、関係するほかの人たちや、問題が起きているものごとについての理解に限界があるからだ、ということを。そのため、理解を追求すること――知的な探求をすること――が、数ある考えのなかで最も役に立つ《プラクティカル》ことになります――たとえ「現実的な《プラクティカル》」人にははねつけられることが多いとしても。

ただ、行動に対する重い責任に耐えているときには、とりわけすぐさま行動する必要があるときには、この考えを持ち続けるのは至難の業です。もし一般教養教育を受けられるなら、人生の本当の重圧から比較的切り離されているその期間を使って、みなさんは、理解しようとする習慣をしっかりつくる必要があります。大変な日々がまだ始まっていないこと、それが、みなさんくらいの年齢のときにそうした教育上重大な影響をもたらすことに集中すべきである、私の知るかぎり最大の理由です。

大変な日々がまだ始まっていない今こそ、理解を追求する道を見つけ出してください。それを確実に習慣にしてください。しっかりとした習慣にして、困難に直面しているときも、切羽詰まっているときも、理解できなかったら大変な結果になるかもしれないときも確実に行えるようにならないかぎり、これが役立つことはないのだと肝に銘じてください。

重要ながら大変な困難を伴う意思決定の場として、個人的な対立が起きている話し合いがあります。考えや関心を向けるものが合わないのです。そんなときは、話し合いの場での対立に関する、ドクター・カール・ロジャーズの素晴らしい方法を検討してみてください。その方法とは、まず、相手の立場について自分が理解していることを、相手が納得するまで述べます。次に、相手の意見のうち賛同できるところをできるだけたくさん見つけて述べます。そのあとで初めて、自分の考えを述べる、というものです。

このやり方を用いた場合、自分が変わってしまうかもしれないというリスクがあります。

理解に対して自分を解放するときに、必ず生まれるリスクです。そのため、このやり方を用いなさいというのは、頑固な人や臆病な人、独善的な人、「完璧」主義者にとっては、とんでもないアドバイスといえます。しかし、いいですか、今ここでは「成熟する」というテーマについて話をしているのです。

変わるなんてまっぴらだと思うなら、しっかり目隠しして、周囲のことを全く理解できないようにするのが得策です。ただ、そんなことをして世間を憎むことになったとしても、それを世の中のせいにしないこと。

『王様と私』にハッとさせられる台詞があります。アンナが新しい考えを持って王のもとへ来たとき、王は苛立ちもあらわにテーブルを激しく叩いて言い放ちます。「王になろうというなら、王に生まれついておらぬとな！」私には、王がこう言っているように思えます。「あれこれ考えを持ってきて、私を混乱させるな。今の私には行動するよりほかにやり方がわからないのだ！」これは、行動本位の人生がもたらす大変な結果を顕著に表しています。そうした人生では、知性の明かりが点され続けることも、理解の探求が絶えずなされることもありません。そのため、このミュージカルの結末は、王にとって悲劇的なものになってしまいます。

さて、問題の二つ目は、「基準に従って行動することと、本質的な自己であることの間の葛藤」です。

「協調」は疎んじられる言葉になってしまっています。私たちの世代――自分たちの役割は、五〇年前のマックレーカー（不正や醜聞を暴いて書きたてる記者）の現代版だと思っている世代――にとっては鬨《とき》の声と言ってもいいくらいなのですが。

協調することに反発すると、それ以上何も進まなくなってしまいます。組織だった社会では例外なく、折り合わなければならないことが多々あるからです。二人の人間が仕事や生活を一緒にしようと約束するときには、必ず折り合いをつけることが出てきます。

どのような組織的な取り組みでも、どんな共同プロジェクトであっても、参加者たちは同じように考えたり行動したりすることがある程度は必要になります。意見がしっかり一致しないまま、重要なものごとを達成することはできません。協調性を全く考えずに自分の役割を果たせるのは、洞窟で暮らす世捨て人だけでしょう。それに、私たちの社会は複雑になり、さまざまなものが絡み合っているので、もっとシンプルだった時代に比べていっそう協調することが求められています。

ただ、協調すべきことは単に協調すべきこととして認識しなければなりません。グループの結束や有効性のために、そのグループの規範に対し完全に客観的な姿勢で対応する必要があるのです。次いで、一致点を単に一致点として認識しつつ、望ましい効果を社会にもたらすよう調整を加えながら、常にその点を理性的に意識します。あくまで客観的に捉えること。決して自分の一部にしないこと。自分の外側で、しっかり認識しなければなりません。恐ろしいのは、本質的な自己がどんな人間なのかも、協調するとはどういうことかもわからないまま折り合って、自分のアイデンティティをなくしてしまうこと、ひいては、自分を誇りに思ったりほかの人から尊敬されたりする権利を失うことです。

私が子どもだった頃、汚い言葉を使った子どもに与えられた罰の一つとして、母親がその子の口を石けんで洗うというものがありました。私の母は、私がどれほど悪戯をしようとそんなことは一度もしませんでしたが、どうも家庭によりけりだったようです。聞くところによると、ある意志の強い子どもがその罰を受けたとき、石けんの泡と一緒に唾を飛ばしながらこう言ったそうです。「ぼくの言葉は石けんで洗えても、ぼくの考えは洗えないよ！」みなさんも、自分の考えを決して、他人に石けんで洗わせないようにしてください。

私たち一人ひとりを独自の存在にするものを引き出す力が生じたら、ぜひ取り組むべき問題の三つ目は、「重要なもの——地位、財産、成功という厄介なもの——を求めて必死になること」です。

長期間の学校教育で危険なのは、そこでのシステムに慣れてしまうことです。それは個人にとって重要なものを大切に育てるシステムであり、それが学校で学ぶ目的になってしまっているのです。

ところが社会に出るとどうでしょう。人々が所属する組織は――家庭であれ、学校、会社、あるいはソーシャルサービスであれ――、別の目的を達成するために人々に仕事を課します。そうした組織はいずれもほかに義務があり、その義務を、働く人たちに負わせるのです。と同時に、現代においては大半の組織が、人々は仕事に個人的な意味を見つけるのではないかという懸念も持っています。ただ、これは条件をクリアして得るべきものであり、どんな仕事でも自動的に意味がもたらされると思ってはいけません。成熟するのに必要なのは、自分にとって意味のあるものを、たとえ何か強い力によって否定されるように思える状況であっても、見つけられるようになることなのです。

しかし一体どんなものを見つけることが求められるのでしょうか。私は、一人ひとりが内に持っていて、実現されるのを待っているものだと思っています。それこそが私たちを独自の存在にするものの種です。そして、種が芽を出し、成長する状況をもたらすのが「探求」です。

健全な大人として生きていくには、それを見つけること、手に入る選択肢のなかで見つけることです。歴史や文化を見れば、手に入る選択肢を受け容れられなかったせいで探求できずに終わったむなしい人生の例が山ほどあります。手の届かない状況しかないなら、探求を続ければいいのです。

小説という形で意義深い説明をしていると思うのは、ナサニエル・ホーソーンの『人面の大岩』（国書刊行会）です。シンプルなストーリーで、一五分ほどで読めますし、一読をお勧めします。

舞台は、ニューイングランドにある山あいの小さな町。そこから望む近くの山の断面は、まるで巨大な顔のようです。町には、もしかしたら現実になるかもしれない言い伝えがあります。いつか、人面の大岩とそっくりな顔をした高貴な人がやってくる。そして、人面の大岩ににじみ出ている豊かさと深みが、人々の暮らしにもたらされるというのです。

やがて、町の外から、それらしい人たちが、富と地位を持つ人々がやってきます。そのたびに、町の人たちは期待に胸をふくらませてもてなしますが、いつも失望して終わることになります。顔は似ていても、彼らではなかったのです。

長い年月が過ぎます。しかし老いも若きもみな相変わらず、人面の大岩と瓜二つの顔をした人が現れるのではないか、そっくりな顔を持つ人の存在によって自分たちの暮らしが豊かになるのではないか、と希望を持ち続けています。やがて彼らは、町の人たちの中に、瓜二つの人物がいることに気づきます。その人はずっと町で暮らしてきました。年老いて、人として深みを増し、そのために人面の大岩に似てきたのでした。

この町は人を象徴していると言えるでしょう。すでに持っている性質を、現れてほしい――まだそのときになっていないために現れていないだけで――と思っている性質を、外の世界に求める人を象徴しているのです。人間の外面的な特徴は、生き方によって生み出されるものであることに、人々は気づいていませんでした。彼らが本当の探求者であったなら、外面的な特徴にとらわれ続けることはなかったでしょう。むしろプロセスに、人生で起きていることを考えることに、もっと注意を払ったでしょう。今まさに進みつつある人生をしっかり観察していたなら、気高く生きることを目の前で実践してくれている人に気づいたはずです。生き方を変えられるもっと若いときに、気づくこともできたはずです。

物語では、集団的な町の暮らしによって充足感が追い払われている様子もうかがえます。昔ながらの決まった考えを追いかけているからです。しかし意味というのは、無条件に期待する姿勢、心をひらいて感嘆する態度を持ったほうが、生まれる可能性が高まります。

また、意味は、充足感をもたらさない目標――追い求めてはいるものの本当に欲しいものではないもの――に向かって取り憑かれたように突き進むことによっても、生まれるのを邪魔されてしまうことがよくあります。追い求めているものが、自分の外にある何か形のあるものであれ自分の内面的なことであれ、それを手に入れたときに、虚しさが生じてしまうのです。正確に表現するなら、「間違ったものを探している」でしょう。これは、私と同世代の人にきわめて多く見られます。彼らが、具体的すぎる（そのために）意味のない目標を捨てて、独自の個性を開花させられたらいいのですが。

肝に銘じておいてください。私たちの社会では、探求がしっかりできなくなるような価値観——社会的地位や財産、権力、目に見える成果、心の平和——が支持されていますが、そのせいで、本当の個性が、唯一の重要な意味が現れなくなってしまっていることを。どちらも、私たちが生きている社会の、進化の現段階において、ぜひとも必要なものです。それらを使って私たちは平和を生み出さなければなりませんし、有意義なものだと認める必要もありますが、本質的なあるいは最も重視すべきものとして考えるべきではありません。個人にとって意義のあるもの、それこそが最も重要なのです。

組織にも、人々の集合体にも、意味はありません——それらを構成する個々人によって、もたらされないかぎりは。伝統でさえ、それはときに強力に見えますが、現代の人々が理解し、信じ、自分たちの考えと言葉と行動によって現在の意味を与えないかぎり、存続することはできません。

私の好きな物語に、ニューヨークで不況真っただなかの一九三〇年代にとても貧しい教会の牧師になった、今ではあまり知る人のない牧師の話があります。彼は車を持っていませんでしたが、教区の仕事をするのに必要でした。しかし、彼にも教会にもお金がなかったので、困ってしまいました。やっとのことで手に入れたのは、二五ドルの古いおんぼろ車。なんとも情けない代物でしたが、ちゃんと走りましたし、彼にとっては役に立ちました。ところが、ほどなく教区民から反対意見を突きつけられることになります。彼らの誰もが貧しかったので、教区の牧師がそんな車に乗って出かけるのが、とりわけ教会の前に駐めてあるのが、気に入らなかったのです。

とうとう運営委員会がひらかれ、委員の一人が言いました。「品格が増すような」車に牧師は乗るべきだ、と。それを聞いて若い牧師は立ち上がり、「みなさん」と言ったかと思うと、ひとこと次のように述べて、車に関する問題を片付けました。「人間に品格をもたらす車などありません。人間が車に品格をもたらすのです」

これは肝に銘じておくべきポイントです。品格や意義や個性は一人ひとりが持つ性質にほかなりません。その人の外部にあるものとは何の関係もないのです。

さて、私が考える四つ目の大きな問題は、「成長に欠かせないものと向き合うこと、すなわち個性を引き出すプロセスを受け容れること」です。

今では使われなくなってしまいましたが、今一度、当たり前のように使われるようになったらよいのにと思う言葉があります。entheos（エンテオス）という言葉です。enthusiasm（熱意・熱狂）と同じ語源を持ち、「内に神を持っている」という意味を表します。この entheos と enthusiasm という二つの言葉は、英語として興味深い歴史をたどっており、一六世紀頃からそれぞれに変遷してきました。entheos は基本的にスピリチュアルな本質を持つ言葉としてずっと使われ、一方 enthusiasm はそれを曲げた、あるいは真似た意味を持つ言葉として最近まで使われていました。今では、entheos は「意欲をかき立てられた人を実際に行動させる力」と定義され、enthusiasm は内面的なものより目に見える表面的なものに重点を置いた語とされています。

私は entheos を、現在の定義どおり、「意欲をかき立てられた人を実際に行動させる力」という意味で使います。そして、詳細に何度も説明することになるかもしれませんが、この言葉を中心に、「成長」の概念を述べたいと思います。

「最高の自分になる」という意味での「成熟」に関心がある人にとって大切なのは、entheos

を明かりだと考えること、その自分専用の明かりを点したまま、複雑で、重圧だらけの世界――それでいて、創造性を呼び覚ます力と絶えず結びつくことのできる人にとっては希望に満ちている世界――を、果敢に進んでいくことです。私は歴史に詳しいわけではありませんが、それでも、もしentheosと調和できるなら、生きるのにこれ以上に面白い時代はないでしょう。

私はentheosを、人生を前向きにするのに最も重要なものだと考えています。それは、重圧にさらされているときに人々を団結させ続ける力です。危険を顧みない大胆な行動を後押しする力です。どんな信仰を持っていようと、日常のさまざまな問題において自信や行動と結びつき続けるための手段でもあります。entheosによって、人々は単調でつまらないものを超え、永遠という感覚をもたらされます。意識を刺激され、積極的に知識を吸収するようにもなります。その結果、注意力も感知する力も高まり、一方で、安心したいという衝動の扉は閉じたままになります。このことを、ウィリアム・ブレイクが書いた次の一節は実にうまく表しています。

もし知覚への扉が取り払われたら、あらゆるものが
ありのままに、無限のものとして、人々の前に現れるだろう

entheosは、外部から刺激を受けても生まれません。いや実際、受ける刺激がentheosを破壊しようとするものなら、断じて生まれないでしょう。entheosを、意図して生み出すことはできません。この力は、生まれたいときに生まれ、しかし大いに必要とされているときに消えてしまうこともあります。ただ、育つものであるのはたしかです。

意図して行えるのは、探求だけです。どのように探求するか、決まった方法はありません。それは一人ひとりが見つけるべきことであり、成熟するための大きな課題の一つです。entheosを探して成長する、自分だけの方法を見つけてください。

そのために、考えてみるべきことがいくつかあります。それらを考えることで、自分の探求について方向性が見えてくるでしょう。めざすはentheos、すなわち、意欲をかき立てられた人を実際に行動させる力です。まずは、誤解を与える標識――道を誤ることにつながりかねない成功――についてお話しします。

「物質的に成功している状態」。外面的な成功は、印象深く立派かもしれませんが、手に入れる過程で、自分にとって本当に大切なものを台無しにしている可能性があります。

「社会的に成功している」。すると、成長していない人たちと一緒にいるのを楽に感じる場合があります。

「求められることをすべてやる」。期待をしているのは誰ですか。その人たちは、私が私自身に期待すべきことについて、何を知っているでしょうか。

「家族の成功」が、誤解を与える標識になる場合もあります。それは立派で好ましいものですが、自己本位で、成長を制限してしまう可能性があるのです。家族は、より大きなコミュニティに対し、持ちつ持たれつの関係を維持しているように自分の目には見えるかもしれませんが、実際には与えるより多くのものを奪っているかもしれません。

「相対的な平安」。これは単に、知覚の扉が閉じられていることを意味しています。

最後は「忙しさ――取り憑かれたように忙しくすること」です。たくさんのことをこなしているように見えますが、実は、成長する意味を探すまいとする欲求が隠されています。「これでは修道院の修道僧だ。することが多すぎる」と言っているように思えるのです。

以上が、成長の証として誤解されやすい、成功しているか否かを示す六つの標識です。いずれも、前向きで価値のあるものになる場合もありますが、必ずしもentheosの成長につながるとは限りません。

では、適切な判断基準であり、entheosの本当の成長につながる標識だと私が思っているものをお話ししましょう。

一つ目は、相反する二つのもの、すなわち「現状に対して同時に生まれる満足と不満足」です。現状の成功に対し、恥ずかしく思うほど不満足なわけではない。といって、ずっとこのままでいいと思うほど満足しているわけでもない、という状態です。すると、責任が広がる感覚とともに、重要な問題をじっくり考える気持ちが生まれます。人間は絶えず、より遠くへ視野を広げて新たなレベルの経験を求め、同時に、「この一つのことに取り組もう」という考えを強くしていくものなのです。

目的意識は、どんなことをするときでも高まっていきます。目的を持つことは重要です。取り憑かれたように目的を意識していなければ、あらゆる疑問のなかで最も鋭く、そして心を乱す、「私はいったい何をしようとしているのか」という疑問が絶えず浮かぶようになります。この疑問が頭から離れなくなってしまうのです。

人間の関心は、あり方も深さも変化します。ずっと持っていた興味がどこかへ消え失せ、代わりに、新たな深い関心が生まれることもあります。すると選択を余儀なくされます。

はるか遠い昔のこと、
森のなかで道が二つに分かれていた。そして私は――

私は、人があまり通らないほうを選び、
おかげでこんなにも豊かな人生を歩んでこられたのだった。

——ロバート・フロスト

entheosとともにいる時間が長くなったら、他人から見た自己イメージと自分が持つ自己イメージとの違いが小さくなっていきます。ありのままの自分をもっと見てもらおうとするようになるのです。偽りの世界で生きていると、程度の差はあれ誰もが仮面をつけます。平安な心にしか本当はできないことを、仮面をつけることでできた気になるのは手軽ですが、仮面はどれも違和感を覚えさせるものだと私は思います。ぴったり合っている仮面を、これまで一度も見たことがないのです。はずしたら、心底ほっとできます。それを可能にしてくれるのがentheosの力であり、この力が働いたことをはっきり示すサインの一つが、仮面を取りたいという衝動です。

この力が働くと、意識して時間を有効に使い、無駄に使うことを不快に思うようになります。意識が目覚めると、時間の無駄でしかない事柄の近くに複雑な、しかし魅力的なものがどれくらい隠れているかで、現代社会を評価できるようになります。

entheosの成長につながる標識の二つ目は、「仕事——どれほど単調な仕事であれ、あまり認められていない仕事であれ——を通して、基本的かつ個人的な目標を実現できたという達成感」が強まっているかどうかです。私たちの文化ではしばしば、目標を達成するためには社会的地位が高くならなければならないという思い違いがなされています。私の考えでは、地位は地位でしかありません。また、不満を覚えている人の割合は、地位が低くても高くても全く同じです。あらためて言うまでもないことだと思いますが、個人的な目標を達成すべき場所は、今いるところしかありません。目標達成という目的のためにもっといい場所を求めるなら、達成のチャンスを間違いなくふいにすることになるでしょう。

こうした判断基準を持って生きていくと、「統合性（ユニティ）」——人生のあらゆる側面が一つになる感覚——が生まれます。仕事と家族、遊び、教会、コミュニティ、それらすべてがまとまって、調和のとれた人生を織りなすようになるのです。個々の活動は相変わらず時間で区切られますが、ある活動から別の活動へ移るという感覚はなくなります。この考え方に含めることのできない活動、重要性の低い、時間のかかる活動は捨て置きます。他人によって課せられる義務のすべてを受け容れる必要は誰にもありませんし、必要のあるなしを見きわめるには、「統合性（ユニティ）」を生み出す活動の核心と相容れているかどうかを基準にするといいでしょう。また、entheos が育つにつれ、「受け容れる必要はない！」とはっきり言えるようになります。

最後は、「人に対して豊かな見方をしている」かどうかです。そういう見方をすると、あらゆる人を、もっと信用し、信頼し、愛すべき存在としてとらえるようになり、利用したり、競争したり、判断したりすべき対象として見なくなります。あらゆる人間関係について、「利用する」から「尊重する」へ、バランスが変化するのです。不完全な世界においては、完璧に変化することは敵いませんが、一定の進歩は可能です。これはきわめて重要な判断材料になります。他人をそのように見ることができないかぎり、自分は独自の重要な存在であるという考え方はなかなか生まれません。ほかの人に対する愛が満ちているなかで自分自身を愛することが、健全な姿勢であり、人生の実現に必要なことです。そうした状況でなければ、自分自身への愛情は小さく、消極的かつ破壊的なものになってしまうのです。

しかしながら、entheos が育っているかどうかを示す究極の判断基準は、一体性（ワンネス）と全体性（ホールネス）、そして正しさを、直観的に感じられるかどうかです。ただし、安心感や気楽さを覚えられるとはかぎりません。

これは、entheos が成長していることを保証する、たしかな基準であるように思います。もしこうした考えが今はまだピンとこないなら、メモをして、日記の最後に挟んでおき、一〇年か二〇年後に読み返してみてください。

最後に、自分に適した仕事と、それが成長――自分の重要な独自性を引き出すこと――とどのように関連しているかについて、もう一度お話ししましょう。

仕事を得るためだけの職探しはやめること。たとえ面白く、十分な報酬を得られる仕事であっても、です。

自分は独自の可能性を持つ人間だと考え、その可能性を十分に育てて開花させることが人生の目的だととらえてください。

自分のスキルや能力にぴったり合うかどうかという観点から仕事のことを考えないようにしてください。他よりやりがいのある仕事に出会うこともあると思いますが、完璧な仕事など存在しません。どういうわけか、人も仕事も一つ所にとどまることはないのです。

完璧な仕事はありませんし、非の打ち所のない分野もありません。そのため、なされるべき仕事として挑んでくる仕事を選択してください。他の条件は、その仕事に付随するものにすぎないととらえましょう。挑んでくるような仕事ではないという意味でやりがいを得られないなら、どんな条件もそれほど重要ではないのです。

どのような仕事であれ、その仕事から、あなたを豊かにするものを生み出してください。仕事それ自体が、本当に重要になることはありません──その人が、おのずとその仕事に導かれた場合を除いては。熱心に仕事をしてください。やらなければという意識をいつも高く持ってください。すべてにおいてずば抜けていることをめざしてください。しかし何より、その仕事を「活かして」ください。すなわち、人として自分を実現する手段、最高の自分になる手段として、その仕事を活用してください。

目標がある場合は、何になるかという観点ではなく、どんなことを為し遂げるかという観点から必ず述べること。何になれるかは、自分にはわかりませんし、誰もあなたに言うことはできないのです。

これは人生の最もわくわくすることの一つになるはずです──また、実際に自分が何になったかがわかり、まだまだ成長すると気づいたときには、目を見はることでしょう。

第3章 リーダーシップの危機

はじめに

本章の小論『リーダーシップの危機』を執筆して、八年になる。その間に、私はいっそう思索にふける生活をするようになり、人間の心のあり方を高めたり弱くしたりする力について考えを深めてきた。そして、大学生活の質を左右する条件は、ほかの組織——政府や病院、教会、学校、企業、慈善団体——の場合と大差ないことがわかった。そのため、最初に私が大学に対して述べたことや学術誌に発表したことは、当てはまる範囲が実ははるかに広いのではないか、と今では思っている。同様に、今日ビジネスでのリーダーシップのあり方について数々の文献で述べられていることは、学問の世界でも応用できるように思われる。

しかし何より重要なのは、先の小論でも述べた次の点だ。

（リーダーの）説得力が効果を発揮するのに不可欠な条件は、組織が大きな夢を実現しようとしていることである。……考え（夢）が前面に出て、人（リーダー）がその考えのサーバントとして見なされているときのほうが、組織はうまく機能する。この組織を素晴らしいものへ変えていくのは「私」（頂点に立つリーダー）ではなく、夢（ビジョン）である。「私」は夢より下位にある。「私」は、その取り組みにかかわるほかのすべての人と同様、考えのサーバントなのだ。

……共同での取り組みにおいて人々を団結させるのは、考えであって、リーダーのカリスマ性ではない……しかし今日においては、適切な夢を持っていない組織があまりに多い――人々が目標を高く持ち、本来たどり着けるはずのところへ近づけるような、創意に富む考えを。……活力に欠ける生き方から人々を抜け出させ、あり方やつながり方のレベルを上げて、未来においては、今人々が持ちうるより多くの希望をあふれさせる、そんなエネルギーを持つ考えを。

このように、私は八年前にリーダーシップの危機をとらえていた。そういうエネルギーを持つ圧倒的な夢を、もっと多くの組織において生み出す必要がある、と。

「共有ビジョン」——地位を問わず個人が、この夢は自分のものだと主張すること——という考えをもたらしてくれたのは、ピーター・センゲだ。このような共通の夢が支配的になる条件は、ビジョンを展開するにあたり多くの人が参加することかもしれない。とりわけ、かつて持っていた大きな夢を失い、新たに得たいと思っている古い組織の場合には。

参加のプロセスではどんなことが起きるのだろう。考えてみよう。素晴らしいビジョンを持ち、はっきり言葉にして夢を語れる人は、事あるごとに「みんなに意見を聞いてみる」。ほかの人たちを導く才能を持つ人なら、「さあ、みんなでこの件について話し合おう」と何度も言う。政治的手腕を持つ人であれば、話されることすべてにじっくり耳を傾け、コンセンサスの土台となる考えや言葉を模索する。

中心的リーダーがかかわるこのプロセスから生まれるものが、文書化して掲示されることはないだろう。口頭で伝えて、絶えず見直したり、修正したり、新たに重視すべき点を加えたりするほうが、はるかに意義深いのだ。うまく導かれている組織では、「めざすべき未来は何か」という問いに対し、総意を重視して事を進めることが習慣になるのである。

私は八年前——学術機関と深くかかわったのち——に、大学におけるリーダーシップの危機として認識したものを、今では次のように理解している。それは、至る所にある自由——大学の場合なら学問の自由——の代償が責任であることを教授陣が受け容れられなかったしるしだ、と。責任とは、拠り所となる夢を形にするときの自分の役割を意味深いものとする機会に、絶えず敏感であり続ける責任のことである。そしてそれは、夢に参加しようという賢明さを持っているかぎり存続する義務だ。

この時代の危機感を軽減する機会は、あらゆる組織のリーダーが持っている。その手段となるのは、関係するすべての人が、自由に付随する責任を理解して、総意による夢——素晴らしい未来をめざして、目的や意思決定の指針となりうる夢——が現れる空気を生み出すのを、手助けすることである。

リーダーシップの重要な側面は、管理の権限が教授陣にかなり委譲されている大学であれ、最高の権力がCEOに集中している企業であれ、次の点である。「主要なリーダーは受け容れることができるか——最高の成果を出せるかどうかが、ほかの何より、強力な共有ビジョンの有無にかかっていることを。そのビジョンが、大勢が参加することによって現れるものであること、主要なリーダーはその出現に貢献するが、権威を振りかざしても出現させられないことを。そして、強力な共有ビジョンを生み出し維持する責任を、重要な義務として広く受け容れてもらえるだけの説得力を、主要なリーダーが持ちうることを」

このプロセスが曖昧になるのは、中心となる有能なリーダーが、ビジョン自体についても、それを生み出すことについても、決してはっきりとは語らないせいかもしれない。そのためにプロセスがあまりにもわかりにくいものになってしまうのだろう。

共有ビジョンの出現は、本当に素晴らしいことの一つであり、人々に対して、すべての個人に対して心からの敬意が絶えずはっきり示されているときにしか起きない。そうした姿勢が行き渡っている文化では、通常の意思決定において、主要なリーダーもその配下の全リーダーも最初の対応として「われわれは今、何をしようとしているか」というシンプルな問いを投げかけるだろう。

——ロバート・K・グリーンリーフ（一九八六年）

❖

現代のリーダーシップの危機には、前例がない。

人々がリーダーから奉仕を受けることは、昔はまずなかった。しかしこの一〇〇年の間に、社会は変化した。大半が職人と農家で、あとは少数の商人と知的専門家、小さな政府という構成の社会から、おびただしい数の組織――大きく複雑で影響力を持ち非人間的であることが多いが、必ずしも優れているわけではなく、堕落することもある――がかかわる社会へと。

このようなことは有史以来、初めてだ。ただ、組織に関して近頃起きていることによって、共同生活の質の不足が深刻であること、それが明らかにリーダーシップの失敗に端を発していることに、新たな気づきがもたらされたかもしれない。そうした不足のなかには限度を超えているものがあり、結果として「リーダーシップの危機」が、現状の重要な側面を述べるのに適切な言葉になっている。

なぜ私たちはこんな事態に陥っているのか、この問題に関して何ができるのか。自分の経験をもとに、ここから数ページにわたって、これらの疑問に対し一応の答えを提案したいと思う。その後はまた探求を続けよう。

リーダーシップの準備に対する怠慢

今世紀（二〇世紀）初めのアメリカ文化において、大学は独自の地位を築いていた。大学に入学する若者の割合が増えて、教育、学習、学問上の成果という従来の役割に、公務が加えられた頃である。

しかし、若者の五〇パーセント近くが大学に通う今では、リーダーシップの危機が蔓延し、高等教育の影響について問題を提起している。

高い教養を身につけるという大学の伝統的な役割が重要なのは、昔と同じだ。だがその役割は今、この時代に合うように果たされているだろうか。昔ながらの役割は、影響力の大きい現代の大学が期待どおりに責務のすべてを――リーダーシップのたしかな準備を含め――果たすようには修正されていないように思われるのだ（私がリーダーシップの「トレーニング」と述べていないことに注目してほしい。「準備」はそれよりはるかに細やかなプロセスなのだ）。

激動の一九六〇年代に、大学は学生に対して巧みに「反《アンチ》リーダーシップワクチン」を投与していると非難された。今では、入学者数が減少して財政難という新たな危機に瀕しているが、その大学が一九六〇年代に内部から示していた脆さが、現代においては社会全体の性質として見受けられるように私は思う。

根本的な原因がリーダーシップの弱さであることは、認識はされているが、はっきりと理解されてはいないだろう。ただ、この状態を心配する声はある。リーダーシップを切望している――リーダーシップと言えば自分たちが持っているようなものだと思っている教授陣には否定されているが——証拠もある。

もしこうした推測が正しいなら、高い教養を身につけるという伝統をこの問題でも活かそうとする活発な動きが、なぜ大学のなかにないのだろう。おそらくは、社会全体に広がっているリーダーシップの危機が、大学においても起きているということだ。これは、リーダーシップの準備に大学を巻き込もうと努力している人にとっては戸惑いを覚えるところだろう。しかし、そこには相応の理由があると私は思っている。その点について私の考えをお話ししよう。

影響力についての新しい認識

第二次世界大戦以来、影響力の問題に対して——とりわけ、強制力、およびその乱用と合法的な使用の問題に対して——過去にない難しさが生じている。影響力についてのそうした新たな懸念とともに、いやもしかしたらそうした懸念のために、多くの組織に対して批判的な意見が新たに生じている。政府関連組織であれボランティア団体であれ、営利目的であれ非営利であれ、そのいずれもが影響力を振りかざしているのだ。

私は学者ではないが、大学でいくつか調査を行ってきた。典型的な教授陣は組織の世界を大学教授という立場で見ているため、次のような認識を持っているのではないかと私は推測していた。「企業や教会、学校、行政機関、病院、社会福祉機関といった組織は価値があり、不可欠ではあるが、そのどれもが十分に奉仕しているとは言えない。また、ピラミッド構造に頑ななまでに固執する姿勢は、時代遅れであり、出現するリーダーの価値を損なうものだ。なかには、人々を操ったり利用したりするための仕組みと化している組織もある。そうした組織で働く多くの人が、ないがしろにされ、疲れ果てている。その根本的な原因は最高指導者のレベルが低いことではないかと思われる。無能で、知識が乏しく、思いやりに欠け、何より影響力を誤用・乱用しているのだ。これが危機的なのは、責任が『システム』という名の抽象的なもののなかで捉えられているためである。そしてリーダーとフォロワーのどちらもが、『システム』のなかで影響力行使の犠牲者になってしまっている」。ただ、この問題について明確な理解はなされていない。

もし大学の内部から今述べたような状況が（大学も含めて）知覚されるなら、敏感な学者であればこの社会のためにリーダーシップの準備をするのをためらわないのではないだろうか。そんなふうに知覚されたものに対してふつうの教師なら対応するのが道理なのに、学者の環境ではまず対応されることがない。また、大学にはびこるリーダーシップ構造においては、知覚された状況かあるいはその状況に対する対応かのどちらかを変えるにあたって、説得力のある優れた助言もなされそうにない。

リーダーの準備という明らかな義務を大学が受け容れるのを妨げている障壁が、（私の思っているような）影響力に対する懸念だとして、果たして大学は、影響力を理解し、そうした障壁を回避することができるのだろうか。この疑問に対するアプローチをこれからお話ししよう。

三種類の影響力

リーダーの行動を分類するものとして、影響力の三つの側面をもとに考えてみよう。三つの力は、見てわかる行動によって明確に区別されるものではない。むしろ考え方と価値観、そして影響力を行使する人のなかに、如実に表れる。

①強制力

「強制力」は、自分の意志を他人に押しつける許可を与えられている（あるいは当然だと思っている）人がいるために存在する。その許可は、従わなければ罰せられる場合のように、明らかなものかもしれない。あるいは、弱みや感情が利用され、結果的に無理を強いられるときのように、ひそやかに行われ、わかりにくい場合もある。

強制力が使われるようになったのは、はるか昔のことだ。しかし今では、規制の増加に加えて、組織、とりわけ大組織による社会構造の支配、監視技術の拡大、破壊兵器の増加、犯罪や抑圧の方法の高度化、人生——自分の関心の対象がどこにあるのかを見定めるのがますます難しくなっている人生——の困惑するほどの複雑さ、そうしたことすべてのために、私たちは昔に比べいっそう強制力を受けやすくなっているように思われる。

もう一つの複雑な状況は、理想的な目標という仮面の下に隠された強制力が、高い教養を持ち、崇高な目的のために意欲的に活動する人たちによって用いられる場合だ。

大学は、「信用証明の授与」にあたって強制力を行使する(バージニア大学を創立したトーマス・ジェファーソンは、自分が学長を務めている間は学位を与えなかった——学位はうぬぼれであるという根拠のもとに)。大学が小規模で、少数の選ばれた者にしか関係がなかったころは、学位は比較的害のない称号だった。しかし大規模になり、学位の授与が当たり前になり、また、法令あるいは慣習によって、「よい」仕事に就くための切符——社会での自分の地位を上げるための手段——になっている今、大学は強大な強制力を持ち、行使している。注意深くそっと使われる場合でも、強制力であることに変わりはない。そして、そういう力を持つことには、ほかのあらゆる強制力と同様、人を堕落させる影響力がある。

高い教養のある人が、たとえ崇高な目的のためであったとしても強制力を使う場合の問題としては、条件がそろうと、教養のあまりない人たちのなかに破壊的な暴力を、ときに大変な規模で生じさせてしまうことが挙げられる。一九六〇年代末の学生運動を引き起こした直接の原因はベトナム戦争や公民権の危機だと考えられているが、もしかしたら、本当は、大学が長きにわたって強制力を行使してきたことが大きな原因だったのかもしれない。

ここにモラルはないのだろうか。形式や目的を問わず強制力が使われている場合、その行使者には暴力を生み出すことを含め、必然的に生じる悪影響に対して責任はないのだろうか。強制力が使われる場合（この力が使われない理想的な社会がいずれできるなどとは思っていない）、行使者には潜在的な危険性に注意し、社会機構に及ぼす害を最小限にとどめる改善戦略を用意する責務はないのだろうか。

強制力は、人々が気づいている以上に至る所にある。また、引き起こされる結果はふつうは考えも及ばない弊害に起因している。

②操る力

私は、操ることと強制することを区別している。思うに、人々が操られるのは、もっともらしい理屈によって、十分には理解できていない考えや行動へと導かれるときではないだろうか。この定義によると、リーダーによる操作はある程度避けがたいということになる。あとに従うフォロワーたちが理解できない、あるいは理解する努力をしないからである。

だからといってリーダーによるすべての操作が正当化されるわけではない。問題の核心は、有能なリーダー――未来の道筋を計画するのがうまい人、リスクを恐れず必要なエネルギーを傾けてリーダーシップを発揮する人――が、きわめて直観的になる傾向があることだ。そのため、あらためて論理だてて説明しようとすると、リーダー自身も自分がなぜその道筋を選んだのか十分には理解できていない場合がある。

しかし私たちの文化では、リーダーには選んだ方向性について筋の通った説明をすることが求められる。この理論的説明は価値がある。なぜならその説明によって、リーダーとフォロワー双方にとって「納得のいく」意識的な論理かどうかを、事後に検証できるようになるからである。

ただ、フォロワーが理解したいと思うことは、そのフォロワーが操作されないのであれば、この納得のいく説明のなかに含まれているとはかぎらない。また私たちは、人間に関するあらゆるものごとにおいて、意識的な論理には必要以上に高い正当性があると見せかける世界に生きているため、そして多くの敏感な人がそのことを「知っている」ため、「操作」はおよそどこであれ雲のようにリーダーとフォロワーの関係に垂れ込め、非難の対象になっている。

この雲は払いのけることができるのだろうか。簡単にはできない。しかしリーダーとフォロワーのどちらもがこの暗い雲の存在を絶えず意識するなら、そして雲を払いのけるにはどちらもが努力する必要があることを受け容れるなら、何か手を打てるかもしれない。そうした、意識し続ける体制において、努力とは何を意味するのか、人々はどんなことをめざすのか。思うに、リーダーシップの真髄とは、リーダーがまず努力をすることではないだろうか。リーダーのほうから最初の一歩を踏み出すのである――それによって、さらに誠実な関係を築こうという意志をはっきり打ち出すことができたら、きっとフォロワーが応えてくれると信じて。リーダーには説得をしてみてほしいと私は思っている。

③影響力としての説得

ただ、「説得」という単語の意味は一つに定まらない。私が使っているある辞書では、いくつかの定義のうち、「強制」の意味を含んでいないものが三つある。四つ目の定義には「強制」のニュアンスがある。そして五つ目で、「望まれる行動や状態を無理に引き起こすこと」

と明確に述べられている。

この「説得」という言葉を、私はどのような形の強制あるいは操作とも異なるプロセスとして使いたい。人というのは、ある考えや行動が正しいことをみずから直観した瞬間に説得されるのではないか、と私は思っている。入念な論理によって確信にたどり着き、そこから「これだ！」と自信を持って言える状態へは、直観に後押しされるのではないか、と。

説得――私が限定している意味での説得――という技術は、論理を整える手助けをし、直観的なステップを踏もうとするものなのだ。ただしこれには恐ろしく時間がかかる。説得される人は、強制や計略によって制約を受けることなく、直観的なステップを一人で踏む必要がある。そしてリーダーとフォロワーの両方が、相手の自主性と誠実さを尊重し、その考えや行動が正しいことを直観的に確信するのを互いに認め、促すのである。

できるかぎり常に、さらには、素早い行動が理屈抜きで求められるときにも、この関係がしっかり築かれていると、未来においてもまた直観的に共感できる機会があるという確信を持って、その関係を信じられるようになる。可能なときはいつでも説得を行うリーダーは、手本を示すことになり、刺激を受けたフォロワーはやがて自分たちも説得によってリーダーに対応するようになるだろう。このような関係のなかで影響力は生み出される。その関係には、相互批判する余地があり、活発な議論が生まれる可能性があり、巧妙な計略に依存していないからである。

これは伝統的な構造を持つ組織に問題を提起する。そこでは「トップ」にいる人たちが、強制力を持ち、豊富な情報源のおかげで操作を行いやすくなっているが、彼らは気づくべきだ――強制力を持っていると見なされた人には、たとえその力を慎重に使うとしても、説得する資格がないことに。また、「隠れた意図はどこにあるのか」という疑問を口にできないことも少なくない。この不完全な社会では、強制力の中枢部を持たずに機能する組織を思い描くのは難しい。そのため、絶対的な説得力が役目を果たせるよう、二つのことを提案したい。

まず、どの組織も、説得のうまい人を獲得しておくべきである。説得することに精通し、組織の献身的なサーバントであり、その意見や誠実さが尊敬され、操作を行わず、強制力を持たず、教授陣にありがちな立場ゆえの自信がなくても自由と安心感を覚えられる人を。最高権力を持つ人たちは、何の影響力も持たないが説得に長けた人々が、自分たちにはできない貢献を組織に対してできるのだと認めることになるだろう。結果として、権力者は徹底的な批判を甘んじて受けることになる。説得にしかできない貢献を望むなら、組織はそうした人たちを支援することが必須だ。強制力の価値はその使用に反比例するからである。

もう一つは、説得力が効果を発揮するには、直観によって大きな夢が実現されつつあることが不可欠だ、ということである。これを私は確信を持って言うことができる。なぜなら、企業人としてのキャリアの終わり頃に、新たな目標を必要としていたトップ層の人たちを説得しようとしてうまくいかなかったことがあるためだ。現代の多くの組織がそうであるのと同様、私たちの組織も当時、組織をつくるきっかけだったそもそもの大きな夢はすでにその力を失い、生き残るために必死であがいていた。

そのトップ層の人たちは、誠実で有能であり、献身的で思いやりもあった――私のよく知る、ほかの組織のリーダーたちと同様に。ただ、彼らは大きな夢に、フォロワーと共有している夢に、導かれてはいなかった。気持ちを駆り立て、みんなを一つにする信念は、どこかへ消え失せてしまっていた。リーダーたちは組織の象徴的存在としてしか認識されず、彼らが夢に奉仕するサーバントとして務めを果たすこともなかった。結果として、組織は顧客層の誰からも十分な信頼を得ることはなかった。

優れた組織は、素晴らしい考えと素晴らしい人々が融合して成立している。一方が欠けていてはもう一方も成立し得ないのである。

新たな夢が必要である

組織のリーダーは、夢が必要だという考えをどこで得るのだろう。それがどんな役に立つのかを、どのようにして知るのだろう。ありとあらゆるコミュニケーション、教育的、宗教的資源のどこで、その考えは提案されるのだろう。

ストレスの多い環境にもかかわらず、考え（夢）が前面に出て、人（リーダー）がその考えのサーバントとして見なされているときのほうが、組織はうまく機能する。この組織を素晴らしいものへ変えていくのは、「私」（頂点に立つリーダー）ではなく、夢（ビジョン）である。「私」は夢より下位にある。「私」は、その取り組みにかかわるほかのすべての人と同様、考えのサーバントなのだ。

昔の道教信者は次のように述べている。「リーダーがうまく導いている場合、人々は『自分たちの力で成し遂げた』と言う」と。うまく導いているとき、リーダーはその夢に奉仕しており、さらによい夢を探している。また、そのように見られている。夢は優れたビジョナリーによって明確に語られるべきであり、リーダーはビジョナリーの説得にいつでも快く応じる寛容さを持つ必要がある。共同での取り組みにおいて人々を団結させるのは、考えであって、リーダーのカリスマ性ではない。また、夢を信じるリーダーの気持ちが伝えられてこそ、人々を夢の実現へと動かすのに必要な献身的な支援を得ることが可能になる。しかし今日においては、適切な夢を持っていない組織があまりに多い――人々が目標を高く持ち、本来たどり着けるはずのところへ近づけるような、創意に富む考えを。

もし夢が素晴らしいものであるなら、その取り組みに包括的なビジョンをもたらすだけでなく、惹きつけられるすべての人の心の深いところにまで染み込み、人々はその美しさを、正しさを、知恵を味わうことになる。夢が素晴らしいかどうかを判断する材料になるのは、その夢にエネルギーがあるかどうかだ――活力に欠ける生き方から人々を抜け出させ、あり方やつながり方のレベルを上げて、未来においては、今人々が持ちうるより多くの希望をあふれさせる、そんなエネルギーが。リーダーシップの技術としての説得は、夢そのものに説得力があってこそ、可能になるのである。

大学にとっての大きな夢

新聞を読むと、首をかしげたくなる。大学には教育と学習、学問上の成果、それに公務という役割がつきものになったが、果たしてそこにはこの時代に合う夢があるのだろうか。また、大きな夢があったとしても、実現は難しいように思われる。「リーダーシップの危機」という観点から見て、この推測を裏付けるものは何だろう。

一部で言われるような、一般教育を受けていればリーダーシップが育ち、フォロワーとしての判断力も身につく、などという意見に中身はないだろう。事実は全くの逆だ。何もかもが大規模な高等教育において、ではどうすれば、私たちが今陥っているリーダーシップの危機を、ついてゆくべきリーダーをみごとに選び損なったことを、説明できるだろう。

また、先述したように、もし大学の学位がよりよい仕事に就くための切符になってしまっているなら、この切符はそれが有効な仕事の数の、少なくとも二倍交付されている。

さらに、いっそう深刻かもしれないこととして、大学教育はすべての人に合うものではなくなっている。情報に基づいて推測すると、大学教育によって恩恵を受けているのは全体の一五パーセントほどしかいない。若者の五〇パーセント近くが大学に入学する今、この一五パーセントあるいはそれに近い数字が公正に求められているとすれば、あとの三五パーセント――大学以外の教育を受けるべき人たち――のリーダーシップの可能性に対してどんな影響がもたらされるのだろう。

マイノリティに対する教育については、本腰を入れて取り組みが行われてきた。黒人コミュニティに関して、たとえば大学を卒業できた人に対し――すなわち、教育水準が低く、生活保護への依存度が増し、リーダーシップの資質を奪われているかもしれない人たちが置かれている不利な状況に対し――、就職について特別措置が設けられている。

以上が大学の夢が時代に合っていないことを示す証拠だが、これらを挙げたのは大学を非難しないためだ――大学は、私たちの役に立つ他の組織と同様、義務をしっかり果たしているのである。ただ、私の考えでは、大学は私たちがリーダーシップの危機から回復する鍵を握っている。そのため、この危機に対処するにあたり、大学を真っ先に考える必要がある。

大学は早急に新しい大きな夢を持つ必要がある、と私は考えている。小さな夢では十分ではない。どうすれば大学はそうした夢を見出し、力を合わせて実現できるのか。また、誰が先頭に立って導いていくのか。

希望への基盤

そうしたリーダーシップは大学の経営者が発揮するものだと思いたいし、そうすべきだというサインも十分にある。しかし、教授陣があまりに長くあまりに大きな力を持ち、一方、経営者は組織運営の諸事にかまけすぎているというのが現実だ。経営者たちには、他の組織と同様、リーダーシップに関するビジョンがもたらされる必要があるのだ。

とはいえ、やはり他の組織と同様、逼迫する財政や教授陣の扱いにくさに悩まされているため、リーダーシップを育てる方向へ大学として舵を切ることを、経営者が率先して行うとは考えにくい。たとえ、そうすれば、健全にリーダーシップを確立し、資金調達をしやすくなるとしても、である。

公的、民間を問わず大学の資金源となる組織はいずれも、リーダーの準備という新たな面倒にかかわりたくないと思っているようだ。どうやら彼らも大学と同様、リーダーシップの危機に見舞われているようである。もしかすると私たちの時代は「反《アンチ》リーダーの時代」と呼ぶべきなのかもしれない。

いったい、イニシアチブは誰がとるのだろう。必要なだけの資金が提供される望みはないのだろうか。いや、望みはある。何かと厄介な側面だと見る向きもあるが、大学の伝統という強みのなかに、すなわち学問の自由と終身在職権に、望みがあるのだ。

この変革の動きも、他の危機的な状況の場合と同じ源泉から生じる、と私は思っている。すなわち、「救いをもたらすレムナント（残された者）」から、である。まず、数人の教授が、自分の自由になる範囲で別個に活動を始める。そして、自由な時間を割いたり、必要に応じいくらか資金を投じたりして、効果的な方法をそれぞれに見出すのである。そうした先見の明のある教授は、同じ分野の人々の支援を受けて、ときには反対に遭いながらも、変革への動きを開始するだろう。これが、「救いをもたらすレムナント」の特徴である。また、社会的な力を持たず、支持されず、経済的に豊かでもないのがふつうだ。

このような「救いをもたらすレムナント」になる教授たちはやがて、共通の理解に達することになる。どのようにすれば組織がそつなく変化するのかが、はっきりわかるようになるのだ。変化は、導く力を得るためにたゆまず努力を重ねた結果としてゆっくりと起きるものだ、ということも受け容れるようになる。組織を変えるのは、革新的な考えではない。人々が、リスクを厭わず奉仕し導くことによって、組織の構築に欠かせない行き届いた思いやりを持続して持つことによって、組織は変わるのである。

知り合いの教授の何人かは、そうした指導力を発揮して、学生がやがてリーダーになって組織での現実に対処できるよう、その準備を整えさせている。実は、五〇年以上前のこと、幸運にも私はそうした教授にめぐり逢った。教授の助言のおかげで私のキャリアは方向性が定まり、組織の仕組みの構築および改良という自分自身の道を見つけることになった。次世代においてリーダーシップの危機に対処するための道は、少数の教授が、所属する組織の支援を受けることなくみずから行動して、次世代のリーダーの準備に今すぐ取りかかることである。

もしこの国で大学の教壇に立つ五〇万人のうち〇・一パーセントが今すぐ取りかかったら、その五〇〇人は、誰の助けも借りず、みずからの力で、次世代に開花する才能を育て、それによってリーダーシップの黄金期が生まれることになるだろう。私は一〇〇パーセントの自信を持ってそれを確信している。そのため、孤立無援の果敢な挑戦を応援し、もしかしたら一つの方法を示すかもしれない手引き書『サーバントとしての教師』を書いた（グリーンリーフ・センターから入手可能）。

〇・一パーセントの人たちが

もし、この応援に応えてくれるなら、

もし、自分たちのしていることを力強く語るなら、

もし、学生が応えることを確認し、その上でさらに歩を進めて、理事会（トラスティ）に考え方を変えてもらい、組織づくりの役割を担うよう説得するなら、

そして理事会が、

もし説得力を用いる有能なリーダーになる覚悟と素質のある経営者を任命し、導くなら、

もし、その経営者が、説得により、大学の全構成員から支援を得て、リーダーになる準

備とフォロワーになる準備の両方についてしっかりとした方法を確立するなら、

いつか、どこかの大学で、まさしく説得の結果として、その時代の新たな大学にふさわしい構想が生まれるかもしれない。そして進歩の過程において、大学の目標やカリキュラム、リーダーシップ、ガバナンスが、伝統に照らすだけでなく、人口の半分を占める人格形成期の若者たちに接するという責任を認識した上で、見直されるかもしれない。

やがて、社会全体におけるリーダーシップの危機が解消され始めるだろう――どこか一つの大学が、責任とチャンスを新たに認識して、みずからのリーダーシップ危機に取り組み、解決し、新しい大きな夢を掲げて現れたときに。

その夢が持つ説得を重んじる空気のなかで、理事会や経営者が説得によって導き、教授や学生や職員がそれに応じると、その大学は二〇世紀の終わり頃に、かつて大学が持っていた啓蒙的な影響力を取り戻し、迫り来る嵐のなかでも拠り所として、私たちが暮らす組織社会の中心になるだろう。

第4章 夢を先延ばししていないか

夢を先延ばしにしたら、どうなるのだろう
干しぶどうのように
からからに乾いてしまうのだろうか
それとも――

――ラングストン・ヒューズ

大学の一年目が終わろうとしている今、みなさんには先延ばしにしている夢がないでしょうか。また、昨年九月の入学時に持っていた大きな期待や理想の追求についてはどうですか。それらは今どうなっていますか。大学での探求は、現時点でどのようなものに見えていますか。

みなさんはオハイオ・フェローズに応募し、そのため私たちは今日こうして集まっています。オハイオ・フェローズ・プログラムは、みなさんが可能性を実現し、公共の利益に奉仕できるようになることを目的としています。それは、生涯の仕事としてどんな職業を選ぶかということとは関係ありません。仕事であれそれ以外の場であれ、自己実現をめざす人間になることによって社会的貢献をめざすということなのです。

このプログラムへの参加を希望しているということは、みなさんは大学が持つ資源のなかで、まだ見つけていないものを探して、あるいは夢を信じる気持ちを新たにするために、今も探求を続けているのだと思います。だとすれば、その探求の本質はどのようなものでしょうか。これからの三年間という機会を最大限活用するために、どんな個人的な戦略を立てていますか。

思い返せば、私が大学の一年目を終える頃には、誰もこうした問いかけをしてくれませんでした。自分の人生を管理するのが自分の責任だと教えてくれる人も、当時はいませんでした。

今、自分がどれほど多くの責任を引き受けられているか定かではありません。ただ、一八歳や一九歳では、自分の成長を管理できるほどには成熟できていないのではないでしょうか。私の世代にできるのは、問題を明らかにすること、そして長年の経験をふまえて、みなさんがまだ見つけていないかもしれない他の選択肢を示すことだけでしょう。

もっとも、話を聞いても、経験を凝縮したり切り取ったりして自分のものにすることはできません。私たちはみな、この世での一瞬一瞬を自分の人生として生き、そこから自分自身の意味を見出すものなのです。ただ、経験を真摯で意義深いものにするために、意識を広げることはできます。そのため私は、影響を与えてくれるものを積極的に受け容れ、意識を広げてくれるチャンスを探すよう強く勧めているのです。

私の場合は、まとまりを欠く講義のなかで教授が口にしたひとことで、めざす方向が決まりました。教授は優れた学者でも学生の心をゆさぶる教師でもありませんでしたが、人間と組織のことを本当によく知っていたのです。彼が何を言ったかや、サインを受け取った結果私が何をしたかということは、ここでは重要ではありません。ただ、私は繰り返し考えてきました。運命のあの日、何か特別素晴らしい言葉を言われただろうか、それとも、重要なサインが現れるよう、知覚の扉を自分がほんの少しひらいていただけだろうか、と。

自分が受けた教育について深く考え、大学が行うことについて関心を持ち続けた末に、私は教育を実施する適切な方法は一つではない、という結論に達しました。また、今日の大学には多くの役割が求められますが、それも一因で、これほどには大学が役割を負っていなかった頃に比べ、学生は人生を方向づけるサインに気づくのがはるかに難しくなっているかもしれません。

昔、ロバート・フロストは彼の詩の意味について尋ねられ、こう答えたそうです。「何度も何度も、繰り返し読みなさい。そうすれば、あなたにとっての意味が現れてくる」と。

私は、彼はこう言いたかったのではないかと思っています。意味というのは、誰かの未来を決定づけるかもしれないかすかなサインであり、すぐにそれとわかるものではない。意識的に分析を重ねて論理的に導き出されたものとして現れるとはかぎらない、と。それどころか、そんなアプローチをすると逃げてしまうかもしれません。それは、分析的なプロセスをたどった結果として得るものというより、むしろプロセスのどこか周辺で、贈り物かひらめきとして現れるもの。姿勢、つまり、私たちが意識して行う理性的な探求を超えて知識が広がっていることを信じ、積極的に受け容れる姿勢が必要なのです。

「もし知覚への扉が取り払われたら」とウィリアム・ブレイクは書きました。「あらゆるものがありのままに、無限のものとして、人々の前に現れるだろう」。これが、ぜひとも知ろうとする姿勢だと私は思います。

詩を何度も何度も繰り返し読むというのは実質的に、その詩に素直に従うことであり、警戒を解いて教えを乞い、重要なサインに現れてもらおうとする積極的な意志を表します。そんなわけで、私はこれからの三年間についてみなさんにお話ししたいと思っています。探求を続けてほしい、そして自分の経験から受け取る、あるいは生み出される独自のサインに対応してほしいとも思っています。そのサインは、ほかの誰のサインとも異なります。なぜなら、あなたは独自の存在であり、そのサインはあなたに向けられたものだからです。

神経を研ぎすませてください！　自分自身の経験や見聞きする周囲のものからの、直観的知識を進んで取り入れてください。これからの三年間に向けて、最高のアドバイスを贈ります。夢を持ち続けてください。ぜひとも知ろうとする姿勢を、決して忘れないでください。

では次に、関連する考えをいくつかお話しします。

素晴らしい生き方

みなさんには、今後の三年間の過ごし方をしっかり管理してほしいと思います。卒業するときに、素晴らしい生き方を会得できているように。姿勢と価値観、道を授ける方法や対応の仕方を身につけ、公共の利益に奉仕して栄誉を担えるように。栄誉は名声と同じ意味ではありません。人生が長かろうと短かろうと、チャンスが大きかろうと小さかろうと、「栄誉」や「素晴らしさ」は、人の道に適っていて、かつこの上なく素晴らしいものでもあります。それは、持っている才能と得られるチャンスを活かして、自分にできる最高のことをする、ということにほかなりません。

職業というのは、自分の才能に合ってさえいれば何でも天職になります――詩人でも、科学者でも、ビジネスマンでも。誰かが豊かな生き方をすれば、それは先触れとなり、やがて社会のどこか一部を、そういう生き方をしなかった場合より少しよい状態で残すという、素晴らしい影響をもたらします。

ただ、多くの人は故意にしろ偶然にしろ社会のどこか一部が悪くなっていくのをそのままにしておくため、みなさんのうちの何人かが今すぐこの選択をすることが重要です。社会は、現状を維持するのにさえ、分別ある人々が多大な努力を重ねる必要があるのです。

「分別ある」という言葉の意味に注意してください。私の世代では多くの人が自分の快適さが損なわれたり礼儀がなっていないと思ったときにこの言葉を使いますが、ここではそういう意味では使っていません。分別のある人は、破壊するのではなく、建設します。心で感じて行動します。ある行動が適切かどうかを判断するには、次のように問うことが重要です。人々にどのような影響をもたらすか。人生が崇高なほうへ変わるか、と。

想像に難くないことですが、大学が求める要件を満たせば、人生に必要な準備は整います。学位を取るのに必要なことをし、選択した授業に打ち込めばいいわけです。しかしそれによって、人々に奉仕するという価値ある役割を引き受け、自動的にしっかりとした生き方ができるようになるなどと思わないこと。そういう生き方をしようと思うなら、今こそ、独自の戦略で自分自身の成長に対する責任を引き受けるチャンスです。この責任は、大学にもほかの誰かにも引き受けてもらうことはできません。

どのようにして引き受けますか。卒業を待ち、それを機として入念に準備を重ねることもできます。あるいは、すぐに行動を開始し、この大学を「現実」として受け容れて、どんな影響を大学というコミュニティにもたらせば、後輩たちの役に立つ組織になるか、知恵を絞ることもできます。それをこれから三年間の目標にすれば、芯の通った価値ある生き方を、人の道に適いかつこの上なく素晴らしい環境に対処する方法を、しっかり身につけて卒業できるでしょう。ぼんやり頭の中で考えるだけでおしまいにしないこと。そうではなく、何か形のある実績をつくってください。現実の経験という舞台で試し、磨いて、芯の通ったたしかな生き方を確立してください。

ただ、注意してほしいことがあります。自分の性格を変えようとしてはいけません。自分のありように完全に満足している人などまずいませんし、いちばんいいのは、自分という人間と上手に付き合えるようになることなのです。E・B・ホワイトの感性鋭い短編『街角から二本目の樹』[1]を、とくに最後のパラグラフを読んでみてください。問題を抱えた男が、自分を変えるのをやめようとするストーリーです。今あるあなたという人間は、すでにかなりしっかり確立されています。また、新たな両親を選ぶことも、これまでの一八年を生き直すことも不可能です。今の自分を受け容れてください。完璧な人などいないことを覚えておいてください。そして、分別ある人という意識的に選んだ自己イメージの範囲内で、今の自分を土台にして成長することを決意してください。これから三年の間、最善を尽くしてください。これ以上のチャンスは二度とないのです。

何年か前に、エドウィン・H・ランドが、大学生たちとともにMITを訪れて数日間を過ごしました。そして、「高い価値を持つ世代、科学の時代の大学とは何か」について話をし、次のように語りました。「出会ったどの学生も、深い思いやりを持っているのが感じられた――もし何らかの方法が見つかって、家庭や学校で過ごすなかでもたらされた、潜在的な価値を実現するという控えめな夢を育ててもらえたら、もし何らかの形で、教授陣や経営者のなかにある価値と結びつくことができたら、その夢は違った形で実現するかもしれない」

「高い価値という言葉によって言いたいのは」と彼は続けました。「天才ではない多くの人のために、高い価値を実現するチャンスのことだ。自分の得意分野でものごとをよくすること。

得意分野でほかの人たちを喜んで助けられるようになること。自分がいなければ加えられなかっただろうものを得意分野に加えることなのだ」

創造性を育む

私が成人した四〇年前は、創造的であることはそれほど重要には思えませんでした。世の中は（少なくとも見た目には）とても落ち着いており、社会のなかですでに決まった形のあるものごとがしっかりできるようになるにつれ、前向きな気持ちを持てるようになりました。

しかしみなさんは違います。みなさんは創造的にならなければなりません。さもないと、本当の意味で活躍することは決してできないでしょう。創造的でなくても、有能で一目置かれる存在になれるかもしれませんし、もしかしたら大金を稼ぐこともできるかもしれません。しかし、建設的な影響を与える人、公共の利益のために価値ある貢献をする人になるのは難しいと思います。なぜなら、重要なイニシアチブや対応には、新たに考案されるもの――「社会的な行き詰まりを打破し、人々の見識や向上心を飛躍的に高める、慎重かつ適切な工夫」――が必要だからです。それを人生のどの段階ですることになるとしても、創造力は若いうちに開花させ、生産的に活動しようと思うかぎり持続させる必要があります。

価値ある貢献をするのに年齢は関係ありません。セオドア・N・ベイル——私が意義ある三八年間を過ごした会社の中興の祖——が組織づくりに目を見はるような貢献をしたのは、六二歳から七五歳のときでした。ヨハネ二三世が最も大きな影響力を持ったのも、八〇歳から八四歳のときです。どちらの場合も、創造性は早い段階で開花し、長い人生を通して育まれました。創造性を発揮するチャンスがいつやってくるかは、誰にもわかりません。また、たとえ「大きな」チャンスは訪れなくても、創造的であり続ければ、人生が豊かになります。

重要な社会的貢献のなかには、創造的な才能をささやかに、しかししっかりと育んだ個人によってなされるものがあります。もし数学者や科学者、芸術家、あるいは作曲家として生きていくつもりなら、創造性は早い段階で成熟し、ずば抜けて素晴らしいものになるほうがいいでしょう。しかし社会貢献という分野に関して言えば、もう少し控えめな創造力のほうが、価値観やスキル、知識、姿勢、経験と相俟って、大きな働きができます。

そこでみなさんには、創造性というとてつもなく貴重な自分の才能によく注意してほしいと思います。ある時点ではどんなに小さく一瞬ちらりと光っただけだとしても、その才能をかけがえのないものとして育ててください。選んだ分野での自分の能力がどのようなものであったとしても、来《きた》るべき世界で現れるチャンスがどの程度のものであったとしても、想像力を働かせて、自分の強みと機会を前向きに活かすことをしっかり考えてください。

「予見」の技術を持つのは重要です。リーダーという言葉に含まれる「リード」とは、ほかの人が気づくより前に、対処すべき事象を予測できる能力のことです。自分らしく適切にその事象に取り組みつつ、イニシアチブを発揮できるように。もしみんなが気づくのを待つなら、ぐずぐずと手をこまねいていたことになります。そういう人はリーダーにはなれません——まとめ役が関の山です。そのため、創造的なスキルのなかでも最高のもの、すなわち予見する力を育ててください。重要な事象を余さずとらえて取り組み、その事象がどこから来たのか、どこへ向かうのか、と自問してください。自分の予測をメモし、後日チェックしてみましょう。しばし未来を生きる練習を、日頃から行ってください。

しかしながら、創造的であることは全体のごく一部の要素にすぎません。アドルフ・ヒトラーには創造性がありました——ただし、おぞましい創造性でした。人は、信頼できる価値体系と健全な考え方をもって、建設的な社会貢献をしなければなりません。しかしなかには、無知や未熟さのせいで、創造的でありながらうまく貢献できない人もいます。完璧主義や過度の自惚れといった制限的な姿勢のせいで貢献できない場合もあります。また、気づくべききっかけに気づかなかったり見逃したりしてしまう人もいます。さらには、直観と理性のどちらを信じるべきかという重要なバランスの問題もあります。

もし夢を先延ばししているなら、夢に生きることによってその夢を実現してください——状況がどんなに希望を打ち砕かれるようなものであったとしても。気持ちを楽にできるようになりましょう、そうすれば人生のさまざまな要素が、ひとりでに、状況や場面に振り分けられていきます。よいことを、気づく以上に多く持てるようになるのです。もし創造的にならず気難しい保守的な人のまま中年期を迎えてしまうとしたら——。つまりみなさんの世代があんなふうになりたくない！と言うような人に自分もなってしまうとしたら、それは、みなさんの年齢ならではの特徴である理想の追求を行う代わりに、あまり勇敢とはいえない道を、ロバート・フロストが「こんなにも豊かな人生を歩んでこられた」と述べるものではない道を歩むことを選択してしまったからなのです。

新たな倫理観を確立する

みなさんの世代はおそらく、モーセの時代以来初めて、自分たち自身の倫理観を確立するという問題に取り組むことになります。モーセの律法から現代に至るまで、法や行動規範がなかった時代はおよそありません。たしかに、破ることは多くの人によって名誉に思われてきましたが、法や行動規範はいつもそこにありました。違反する人たちはたいてい、法を認め、自分たちは規範を逸脱していると思っていたのです。

今では、すなわちみなさんが生まれて以降は、法は消えてしまったも同然です。多くの人が、道徳律や倫理規定は今なお存在するし、それがどういうものか自分は知っている、と主張しています。私も一応、そのひとりです。しかしながら、そのように主張する人の数は、伝統的な倫理観が世の決まりとして受け容れられるのに十分とは言えなくなっています。そのため、みなさんの世代では初めて、自分たち自身の倫理観をつくり出すことになると思うのです。

ジョセフ・フレッチャー教授や彼の「その状況において愛が必要とするもの」という原理をはじめ、助言はいろいろと得られるでしょう[2]。しかし、法のない世界で直面する混乱から救われることはありません――不思議な偶然の出会いを果たし、神の律法をもたらすことによって、モーセが人々のためにしたようにうまい具合には。好むと好まざるとにかかわらず、みなさんは、そうした問題に直面したことのない私の世代に頼らず、みずからの資源を使って、自分たちの手で同じことをする必要があります。今の状況が良いとか悪いとかそういうことではなく、それが現実なのです。

この推測が正しければ、みなさん自身の倫理観を確立することは今後三年間において最も大きな関心事の一つになるでしょう。また、周囲で起きている、しかし大半の人が咎めることを、心をひらいて理解しようとするなら、追求することの多くがきっと直観的にわかるようになります。

みなさんが誕生した頃から、倫理観の中身について意見が一致しなくなり、「これが道徳律だ」と断言するのはたしかに難しくなったと思います。しかしそれは以前より難しくなったというだけのこと。人はみなどんなときもみずから、神学者であり、倫理学者であり、価値を見出す人であり、またそうでなければなりません。私の意見と対立するさまざまな意見のなかで苦労して進もうとするのは、みなさんの世代にとってはいっそう混乱するだけでしょう。強い道徳心の持ち主はみな、毅然として持つべき立場を選択する必要があります。

価値ある生き方をする人は、自分が土台とする考えに対し、ある程度確信を持っています。すると、精神的な強さがもたらされ、問題が多く絶えず変化する世界を冷静に見られるようになります。ものごとの意味を問うようにもなります——判断するのではなくむしろ視野を広げて、自立した人間としていっそうしっかりとした考え方を持てるようになるのです。最終的には、一人ひとりが、拠って立つ基盤を確立し、きちんと自立することになります。ロバート・フロストが、「Directive」と呼ばれる「核心メンバー」に宛てて書いた詩に、次のような一節があります。「今までに　君が迷ったあげく　やっと自分の路を見つけたなら、／自分の後ろに梯子路を引っ張りこんで／私以外には、すべての人に「通行止め」の札を出すことだ。／そうやればもう安心だ」（ロバート・フロスト著『フロストの仮面劇』〈飯田正志編訳、近代文芸社、二〇〇二年〉より引用）

今日の大学生世代についてどう判断すべきか、実を言えば私は態度を決めかねています。その世代のものの見方や姿勢についてです。私は、ときどき気持ちがくじけたり、みなさんの世代から距離を置きたいと思ったりする世代の人間です。そのくせ、過去のどんな若者より、個人としても社会としても、この上なく素晴らしい創造的なチャンスを目の前にしているみなさんを、うらやましく思っています。それは、意識的な選択の問題として、新たな倫理観を使って、蔓延する混乱を解消するチャンスなのです。

新たな倫理観を確立するチャンスについて考えるときには、一からつくりなおそうとしないこと。私たちの世代の倫理観がみなさんの目には不安定に見えるとしても、それは数千年の時間《とき》をかけて打ち立てられたのです。受け継がれてきた倫理観は、私たちのうちの誰かのものでも、現存するどの組織のものでもありません。新たな資源としてみなさんが使うために、それはあります。みなさんには、上手に活用する強さと見識を持ち、みなさんの努力によって磨かれた倫理観として、子どもの世代へ渡してほしいと思います。

知恵の向上

これからの三年間はみなさんにとって、新たな倫理観を確立するチャンスへと、自分を高めるときだと思います。この目標を達成するために大学の授業に参加し、そのチャンスへ向かって授業が導いてくれるのだと信じてください。授業は明らかな道筋をたどって知的な成長を遂げさせてくれます。しかし知恵を身につけることは、倫理に適った選択をするのに不可欠ですが、それほど明確な道筋をたどるわけではありません。

ウォルト・ホイットマンは「大道の歌」のなかで知恵について次のように述べています。

「ここにこそ知恵の真価を測るものがある／結局のところ知恵は学校で判断されるものではなく／持つ者から持たぬ者へ手渡せるものでもない／……証明するのも無理であり、それ自体が知恵の証だ……」

これは、大学の主要な関心事である知的な成長とは明らかに異なるものです。みなさんは自分は賢いと簡単に錯覚するでしょう。勉強がよくでき、成績優秀で、論理的に考えることができ、ほかの人の知恵を理解できるためです。知恵は知性と対極をなすものではありません。ただ、知性の成長は、バランスがとれていなければ、知恵にとって障害になってしまいます。三年後、みなさんは受けた教育を土台によいスタートを切れるかもしれませんが、だから自分は賢いのだと思い込んではいけません。これに関してドラマチックな作品を知りたい場合は、小説『ハーツォグ』[3]を読んでください。

真に優れた知的な成長をしようと思うなら、アルコール依存や麻薬中毒、破綻した結婚生活、反動主義といった個人的選択による危険にさらされているのは、「教育を受けた人」も「受けていない人」と全く同様であることを覚えておくといいでしょう。そういう危険をある程度防げるのは、聡明な人だけです。また、知恵があっても、運も少し必要です。

知恵、良識（common sense）——よりよいのは非凡な感覚（uncommon sense）でしょう——、「判断」はいずれも、重要なものについて述べています。それは体系化することも教えることもできないもの。できる人がいるとすれば、それはメンターです——実地に習う人とともに現実の状況に臨んで、その人に、見えるものや聞こえるものを尋ね（それによって感覚が鍛えられます）、仮の判断を求め、間違うのを許し、結果について話し合って、その人が現実の問題に思慮深くしっかり取り組むのを手伝うメンターだけです。トーマス・ジェファーソンにとっては、ウィリアムズバーグの弁護士、ジョージ・ワイスがまさにそういうメンターでした。

ワイスのような人の影響を受けなければ、ジェファーソンが独立宣言を書くことも、合衆国憲法のもとになるバージニア州憲法草稿を起草することもなかったでしょう。バージニアで少々クセのある学者になり、それで満足して終わっていたかもしれないのです。

できれば、そうした教えを授けてくれるメンターを見つけてください。このキャンパスに、もしかしたらいるかもしれません。少なくとも、優れた知性が知恵と同じではないことを心にとめ、現実の状況に謙虚に取り組んでください。現実の状況で自分の判断や思いきった決定を確かめることによってのみ、——そして、経験からしか教われないことを積極的に学ぼうとしてこそ——、知恵を育むことができます。アブラハム・ヨシュア・ヘシェルの素晴らしい小論『知恵を育むこと』[4]（*To Grow in Wisdom*）を読んでみるといいでしょう。

このキャンパスで知恵を育むには、挑戦できるようになるのも一つの方法です。試しにやってみるのです。やってみても、うまくいかないこともあるでしょう。しかし繰り返し行ううちに対応できるようになります——学部の管理者や、コミュニティや、学生仲間からもたらされる難題に。やがてみなさんは幾分、政治家のようになるでしょう。政治は可能性を追求する技術なので、折り合いをつけられるようになる必要があるのです。

大学は、すべての人にとって、総合的に学ぶ場です——学生にとっても、教授、経営者、理事会（トラスティ）、さらには私のような年配のコンサルタントにとっても。大学から恩恵を得るつもりなら、そこは、社会に奉仕する力を伸ばしたいと切望する人たちが確実に学べるよう、相当数の人によって可能性が追求される場である必要があります。

少なくとも理論的には、大学はみなさんの成長と向上を後押しするためにのみ存在します。卒業後はみなさんの多くが、みなさんを使うために存在している組織に所属することになるでしょう。とはいえ、大学も理想だけを追うわけにはいかない場所です。みなさんを使うこともあるでしょう。関係者もその悩みも「現実」なのです。それでも、知恵を育む上では、大学生活を送ることほど素晴らしい機会はありません。ただ、キャンパスでの経験によって知恵が育まれるためには、何でも受け容れる姿勢と謙虚さを忘れないことが不可欠です。

このキャンパスで過ごすこれからの三年間に一定の知恵を身につけられるなら、人生をこの上なく豊かにするのにどれほどの意味を持つことになるか、言葉では到底言い尽くすことはできません。

信頼――高い価値の一面

理事会の機能について学ぶ機会も、大学で提供される資源の一つです。理事会ならではの特別な役割についても、大学を構成する人たち――学生や学部の管理機関――に当然だと思われている責務を果たすというもっと一般的な役割についても。昔、大規模な大学の学長にこんな質問をしたことがあります。「人を学生として受け容れた場合、大学が引き受ける義務に関して、その学生に対し責任を負っているのは大学のなかの誰ですか」と。学長の返事はこうでした。「私ではありません」。二〇年も前のことですが、そのときのショックから私は今も本当には立ち直れずにいます。

いつかアメリカの民主主義制度が廃れてしまうとしたら、主な原因には理事会が特別な役割も一般的な役割もしっかり果たさなかったことが挙げられるでしょう。能力が低くて仕事をそつなくこなすことができないからではなく、知性や価値観、訓練、判断力、経験、つまり信頼される立場に立つのに必要なものを持つ人々がするべきことをしないからです。彼らは、理事会として果たすべき責務を積極的に引き受けず、公共の利益になる際立った活動をしないのです。

善良で能力が高く正直ではあるものの、理事会という立場として平凡な活動しかせずによしとしてしまっている人があまりに多すぎます。彼らは及第点の成果をあげ、一般に求められる基準は満たしています。しかし、抜群といえるレベルにまでは到達していないため、「悪くはない」としか評価されません。アメリカの民主主義制度を長く存続させるには、理事会として卓抜した行動をする以外にありません。どのような活動においても、人は「まずまず」のレベルになるために、努力を重ねて非凡にならなければならないのです。

私たちの社会は組織がつながり合ってできています。一人ひとりにはむろん独自に行動するチャンスが多々ありますが、一方で、影響力を持つ多くの人たちには、組織のなかで起きていることを変える力があります。また、組織は必ず、信頼を実現する手段になります。みなさんの場合も、家庭の管理であれ世界政府の中心的組織の管理であれ、個人的な貢献のほとんどが、信頼の実現という組織の役割に照らして判断されることになるでしょう。

仲間との人間関係の質によって決まることもたくさんあります。同じ職場の人たちは、比喩的な表現で言えば、壁を背にナイフを突きつけられて仕事をしているでしょうか（企業から教会までさまざまな組織の内部事情が非公式に述べられるときに、実によく耳にする表現です）。それとも、組織を活気づけ、ずば抜けたレベルの活動を可能にする精神《エスプリ》がありますか。

すでに述べたように、組織において、エスプリと大きくかかわる要素は「目標」です。これは、具体的にあるいは行動上どんなことをしようと思うか、ということです。そして、その目標にどのように到達するつもりであるかが「戦略」です。「どんなことをしようと思いますか」

というのは、最もしやすく、最も答えにくい質問ですが、目標と戦略について高いレベルで合意できることほど組織の強さを生み出すものはほかにはないでしょう。ところが残念なことに、大学や教会などより理想主義的な志を掲げる組織では、目標や戦略に関する合意が確実にはできていない傾向があります。

一般的な組織と特殊な教育的組織についてこうした考えを述べているのは、次のように思うからです。みなさんがいずれ担う役割において理事のような働きが高いレベルでできるようになるには、これから三年間を過ごす組織について関心を持つことがその準備になる、と。組織の進む方向を、つまり平凡さを生むものと高い価値を生むものとの違いを学ぶのに、大学より素晴らしい機会に恵まれているところはないでしょう。

大学は責任について学ぶための研究所でもあります。ケネディ大統領の返答を覚えておいてください。アイゼンハワー大統領の腰が重いことを選挙運動中に批判していたのに、大統領となった今あなたも腰が重いのはなぜか、と尋ねた記者に対し、次のように答えたのです。「責任を負う立場になると、ものごとが違って見えるのだ」。大学で行動を観察するときには、練習のために、責任を負う人々の視点に立ってみてください。

みなさんが学んでいる間に、大学は、個人として際立って素晴らしいと言えるレベルに達している、信頼に値する人材を探しています。いつかはそういう人材になるのだと、自分のことを考えてください。

現実主義――まっすぐ見て、誠実に対処する

人生の成熟度が、若者ならこれくらいだと思われるレベルに達している人は、自分が生活したり仕事をしたりする社会の性質について、早くから現実的な推測ができます。推測が楽観的すぎればいつ果てるか知れない不満を抱えることになりますし、予測が悲観的すぎれば大きな希望を抱くことができなくなります。しかし人には、度が過ぎるくらい楽観的になって、不満を甘受することが必要なのです。

「この世界で本当に厄介なのは、世界が不合理であることではなく、といって合理的であることでもない。最も厄介なのは、おおむね合理的であることだ。人生は非論理的ではないが、論理学者にとっては罠になる。それは実際よりほんの少し明確で規則的であるように見える。正確であることははっきりしているが、不正確さが隠されており、野生が待ちかまえているのである」[5]。これをギルバート・K・チェスタトンが書いたのは一九二四年。世界が今日よりはるかに落ち着いていて予測可能であるように思われた頃のことでした。

現代にあるさまざまな危機を私が懸念するのは、人間の苦境を憂えているからにほかなりません。問題を抱えているが、解決策がない。いや、そうはいっても、問題には創造的に取り組まなければならない——もっと現実的な見方を持って。一体誰が、着実に進歩するためとはいえ、はるかエデンの園の時代にまでさかのぼって一つずつ「問題」が解決されるような世界で生きたいと思うでしょうか。私は御免蒙りますが、みなさんはどうですか。

私はむしろ、解決策に見えるものによって新たな問題がもたらされるのを受け容れたいと思います——平均寿命が伸びることによって、人口過剰が引き起こされるように。それは偉業ではなく、私たちの関心をかき立てる追求であり死に物狂いの努力です。そして私たちは気落ちすることなくワーズワースの考えに向き合えるようにならなければなりません。「人は人についてどのように考えてきたのか／それを思うと私の心は悲しみに沈んだ」

私たちが文明と呼ぶものは、エマソンが目指す改善へ向かって少し前進しました。しかし、「世の中で最も大きな改善の力となるのは何か」と自問したとき（エマソンは楽観主義者で、そうした力があると信じていました）、彼は宗教や科学、教育、芸術といった、おきまりの崇高な活動を挙げませんでした。彼が出した答えは「自分中心な押し売り的行為だ！」だったのです。これは考えてみないといけません。エマソンのような鋭い観念論者がなぜそのような判断を下したのだと、みなさんは思いますか。

不安──不安を抱えて生きられるようになる

私たちが生きている時代が特異なのは、不安（医学的な意味ではなく一般的な不安）の破滅的な影響をはっきり自覚している点です。そして軽減すべく、私たちは努力しています。しかし私の現実的なものの見方からすると、不安は社会という仕組みのあらゆる面に深く根を下ろしていると思いますし、また、最も優秀な人々によって事あるごとに善意から利用されていると思います。

不安は、人間性の一つです。もし魔法の杖を渡され不安を払う力を得られたとしても、私ならその力を使いません。なぜなら不安は人生にチャレンジをもたらしてくれるものだからです。社会は不安を生みやすいものだからといって（ほかのどのような理由であっても、ですが）社会をはねつけたところで意味はないと思います。そういうものなのです。そういうものなのだと心に留めて、どう対処するか戦略を練りましょう。ほとんどの人は自分の資源を使って対応できます。不安を抱えながら、それでも豊かに生きられるようになるのです。

私が試しているのと同様に、そうした戦略を実践していると、二人の別個の「私」が見えてきます。世の中と深くかかわる外面的な私と、内面的な私――内側から見た、本質的な私。あらゆる生きものとつながっている私――です。その静かな交流のなかで、私の「梯子路」が引き上げられ（私は自分で引き上げることもあります）、「札」が掲げられて、私のほかは「通行止め」になると、少なくともしばらくの間は、平安というべき状態に――最盛期にあるすべての組織はもとより多くの人間関係にとっても厄介な、重圧や対立や緊張を超えた静穏に――包まれ、私は心からくつろぐことができます。

この世において、自分の外の世界に平和をもたらすことを約束するものはこれまでなかったと思います。また、他に比べて重圧や混乱や痛みが多い場所がある一方、本当の平安があるのは内なる世界だけです。平安とは窓であり、人はそこから世の中を見ています。それが、世の中の混乱や衝突に、活力に満ちて対処しているときの内面の状態です。

私は、内面の世界を現実としてとらえ、自分の外にある世界については不自然で一時的なものとして見るようにしています。エマソンは、「愚かな一貫性は狭い心が化けたものである」と述べたとき、たぶんこう言いたかったのだと思います。外の世界に対応することは、実際にそうした世界をまとめられるということではない、と。私たちは世の中をまずまずのものにしようと、賢く勇敢に、かつ誠実に取り組んでいます。しかし同時に、世界から絶えず距離を置いていて、そのために、どんなに立派なものであれ外の世界で成功することより、驚き、感動する力を伸ばそうとするほうが、優先順位が高くなっています。

驚嘆することは、不安とどんな関係があるのでしょうか。実は「驚き、感動することは知識の種」なのです。驚嘆することは気持ちのありようであり、世界を知覚するフィルター、批判ではなく道徳的関心がしばしば使われるフィルターです。それによって人は「ここで今、何が起きているのか」と問い、それから行動することになります。そして、思慮深く不安や怒りや失望を覚えるよりむしろ思いやりを持って、いやそれどころか楽しみにさえ思って、対応するようになります。動揺することなく、バランスのとれた見方ができるようにもなります。驚嘆は謙虚さの表れであり、人を積極的に学ぼうという気持ちにさせるのです。

「私は待っている」とローレンス・ファーリンゲティは書いています。「私は待っている／驚嘆のこころがふたたび生まれるのを」

課題は多いが、不可能ではない

ここまで私は、これから三年間の過ごし方について、注意を促してきました。するべきことはたくさんあります。たくさんではありますが、できない課題ではありません。

楽観的に生きることは、決して楽ではありません。道を邪魔するものが必ずあるでしょう。社会に出たのちと同様、このキャンパスでもそれが現実なのです。では、どんなものが邪魔をするのでしょうか。

まずは時間的な重圧です――みなさんは、あまりに多い課題を抱えることになるでしょう。みなさんが、私が思っているとおりに優秀だとしても、やはり多すぎる課題を課されることになります。私がこれまでに述べた、注意すべきことに注意を傾けても、課題を楽にはしてくれません。選択を、すなわち人生で最も難しいことを、する必要も出てきます。

次は、気を散らすものです。これは本当にたくさんあります。ガリ勉になりたい人はいないと思いますが、一方でみなさんは当たり前の社会生活を送りたいと思っているでしょう。しかし、ほかのあらゆる場所と同様このキャンパスにも、時間を浪費するだけの非生産的な気を散らすものが、無数にあるのです。

最後は、今後三年間の環境が、自信を与えてくれるようなものではないことです。大学には多くの目的があり、一人ひとりの成長戦略のような個人的なことには注意を払えません。そのため、自分で実現させなければならないのです。

ここまで聞いたところで、みなさんはこう尋ねるかもしれません。「大学一年生に、ずいぶんな重荷を背負わせますね。すべてに対処するにはどうすればいいんですか」

決まったやり方はありません。私は自分の考えや経験に基づいて問題を明らかにしようとしてきました――今後の三年を最大限活用するための戦略、みなさん一人ひとりの可能性に合う戦略を練るのに役立てば、と願って。付け足すとすれば、自分自身に関する信念を、自分で明らかにするよう、ぜひお勧めしたいと思います。可能性をみごと実現したいなら危険でも未知でも思いきってやってみることになりますが、ある種の信念がなかったら、絶えずつきまとう不安に打ち負かされてしまうかもしれないからです。トルストイは、奔放だった若い頃に比べかなり落ち着いたのちに、「信念とは何か」と問われて、私に言わせればシンプルな一文で次のように言い切りました。「私はこう思っている」と彼は書きました。「人生の唯一の意味は、自分の内にある光に導かれて生きるところにある」

重圧にさらされている環境で、「自分の後ろに梯子路を引っ張りこんで　私以外には、すべての人に『通行止め』の札を出せ」たら、さらには、自分の内にある光が道案内してくれることを信じられたら、歩むべき道を歩んでいるということにほかなりません。

この大学——あなたの研究所

みなさんが入学したのはよい大学です。いずれは際立ってよい大学になるかもしれません。しかし、組織として高い価値を持つまでの道のりは容易ではありません。大学を構成する関係者なら誰もが、最善を尽くそうとするすべての個人が、その道のりに協力することが可能です——説得力をもって導くことのできる人であれば。イニシアチブは、強く有能な人のいるグループから発揮されます。どのグループでも——教授陣、経営者、理事会、あるいは学生のいずれでも——かまいません。しかしながら、高い価値が最も確実に実現されるのは、四つすべてのグループからイニシアチブが発揮されるときでしょう。

際立って優れた大学は将来的には、これまでとは違う基準によってその地位を築くかもしれません。今までは、優れた大学といえば難解な学問の中心であり一流大学院のあるところでしたが、これからの世代では、そうした知識の供給源はもっと広範囲になるでしょう。傑出した大学、他を凌ぐ大学は、その時代の社会の形に対し、明確かつ直接的に、大いに影響をもたらすようになります。学問的な能力に加えて、学生たちがさまざまな組織——複雑な社会が依存する組織——を築き、奉仕し、導く上で目を見はるような活躍をする準備をするためです。

その意味で、みなさんが通うこの大学は、未来の際立って優れた大学の一つになるかもしれません。そうなったら、それは今の大学関係者たちが意識的、計画的に影響をもたらした成果です。おのずと起きるものではないのです。

一年生のみなさんも、ぜひ引き受けましょう。これから三年間、この大学のなかで、分別のある、効果的な影響力を持つ人になるという仕事を引き受けてください。責任を持って効果をもたらせたかどうか、それは三年後の卒業時にわかります。みなさんの後輩の学生を立派に教育するのに――未来における優れた組織の基準、みなさんにも私にも今はわからない基準に合う方法で教育するのに、この大学がよりよい状態になっているかどうかによって。

今後の三年間に対するチャンスとして、私は率直にお話ししています。この課題を引き受けたら、最高の日々を過ごせるでしょう。その経験によって、芯の通った価値ある生き方をその後の人生で実践することになり、やがて夢も実現できるでしょう。

注記

1 E・B・ホワイト『街角から二本目の樹』(『ニューヨーカー短篇集2』早川書房)
2 ジョセフ・フレッチャー『状況倫理』(新教出版社)
3 ソール・ベロウ『ハーツォグ』(早川書房)
4 アブラハム・ヨシュア・ヘシェル『自由の危うさ』(*The Insecurity of Freedom*)に収録
5 G・K・チェスタトン『正統とは何か』(春秋社)

第5章

老後について——魂《スピリット》が試される究極の場

「魂《スピリット》」などという言葉を持ち出して、いったい何の話を始めるのか、と思われるかもしれない。私が調べた大辞典では、丸一ページにわたって並ぶ定義の最初に「生命の息吹」と記されている。しかし辞書にまとめられているのは一般的な用法だけであり、一ページにおよぶ定義を読んでみても、この重要な言葉にとってたしかにこれだと思える意味が見当たらないことは明らかであるように思う。

結論を言えば、「魂」を簡潔に定義することはできず、老後を迎えたのちに最終的な判断を下すことになるように私には思われる。この言葉の、私が使っているような意味は、神秘《ミステリー》と、私たちが現実と呼ぶものとを隔てる壁の向こうにあるのだ。ただ、魂が自分のなかに、あるいはほかの人のなかにあるときははっきりわかる。また、ないときや、ただちに必要とされている場合には、私は重苦しさを覚える。

私は魂を――また会いたいと思うような種類の魂を――、私の考える「奉仕」の概念と結びつけている。奉仕を受ける人たちが、人として成長しているか。奉仕を受けている間に、より強く、聡明に、自由に、ゆったりとした気持ちになり、みずからもサーバントになる可能性が高まっているか。また、社会の最も恵まれない人たちに対する影響はどうか。そうした人たちが何か恩恵を得ているか、少なくともいっそう困窮することになっていないか。

社会の質は、そこに生きる最も恵まれない人々が何を得るかによって判断される。未来に対する私の希望は、恵まれず洗練されてもいない数多の人たちのなかにこそ本当のサーバントが大勢いるという信念と、大半の人は、奉仕しようとする人を見分けて本当のサーバントである人を認識し、そういう人にのみ反応するという信念とが基になっているのである。

魂は、奉仕する動機の原動力になる可能性がある。また魂に関して老後に最終的な判断をする際の材料となるのは、次の点ではないかと思う。現役時代を振り返ったときに、自分なりに奉仕してきたという認識によって平安を得ることができるか。現在もなお、年齢や健康状態のために制限はあるとしても、奉仕し続けていると言えるか。私の脳裏に今でも焼き付いて離れないのは、メイン州に暮らす九五歳になる老人が、海岸から程遠い漁師小屋の窓辺に座り、家族である現役の漁師が使う網を静かに編んでいた姿だ。彼はその年齢になってなお、自分が最も得意とすることをして奉仕していたのだった。

老いに対する私の現在の見方の多くは、父が年をとる様子を見ていたことが土台になっている。私は父ととても仲がよかった。父は知的で善良な人だったが、五年生までしか教育を受けておらず、チャンスの制限された人生を送った。しかし、人生を賢明に活用することによって、世界のほんの一部分を、それまで見てきたより少しだけよいものにすることができた。

記憶のなかの父は、本物のサーバントリーダーとして堂々としている。子ども時代の、今なお残る大切な思い出は、父が時折ひらかれる夜の会議に市議会議員として出席していたことだ。私はできるだけ遅くまで寝ずに起きていた。というのも、会議が白熱することがあり、父もたいていそれに加わっていたのだ。私は父の椅子の背後で父の外套にくるまっていたがやがて眠ってしまい、会議が終わると、家まで連れて帰ってもらっていた。

父は八〇歳まで生き、晩年はみごとなまでの平安を手に入れていた。亡くなる数年前には、こんなことを私に話した。自分の人生はそろそろ終わりだと思う、そこでこれまで全く読んでこなかった聖書を少しは読まなければと思った、と。その後、悲しそうに言い足した。「読もうとしたが、すぐにやめた。少しも理解できなかったからだ」

私が一三歳くらいだった頃には、教会の関係者が来て、きわめて少額だった寄付金を増やすよう父に説得を試みたことがあった。父は辛抱強く耳を傾けたのちに、「増額はしない」と返答した。その金額は妥当だと父は考えていた。教会がそこにあることをうれしく思っているが、世の中に貢献する機関という意味で、父にとっては労働組合や政党より位置付けがはるかに下なのだった。教会の関係者はムッとした様子で帰っていった。

老年になってからは、こう言ったことがある。「この町にとって悲劇的なのは、かつては偉大な人々がいたが、今はいないということだ」。父の見るところでは、町の「地位のある」人たち——銀行家、実業家、商人、各分野の専門家——はみな二流だった。父が絡む政争のただなかで、金や地位のある町の有力な市民たちは、父を買収しようとした。

父についてはあと一つ、もっと素晴らしいエピソードがあるが、それは別の機会に譲ろう。これだけ話せば、人格形成期の早い段階に父ととても深くかかわり、その後の人生を歩む上で重要な影響を受けたことをわかってもらえただろう。ここで伝えたかったのは、父が年をとっていくのを見るのはとても特別な経験だったことだ。それによって私は注意を促されることになった。目をしっかりあけて意識的に老後を迎えるべく、自分が年をとっていくことに注意を払うように、と。

育ったのが信仰心の厚すぎる家庭でなかったことも忘れるわけにはいかない。結果として、私は人生の精神的な方向性を自分なりに考え抜くことが必要になった。父という手本があったおかげで、私はさまざまな面で導いてもらえたし、教会とほとんど接していないことによる影響も目立たなくなった。そうした育ち方が最良だと勧めているわけではない。ただ、ずっと取り組んできた準備という冒険と深いかかわりがあるため、どのようなものだったかを書き記している。

父は五〇歳のときに健康を害し、快復はしたものの、政界からは身を引くことになった。老境に入ってから、父はそれは賢い選択だったと語った。「同じ世代の政治家連中はみなすでに他界している。最後のポスト争いに勝っていたら、多額の金を得ることはできたかもしれないが、今私はこの世にいないだろう。負けてよかったんだ」。父の言葉にはなかったが、もう一つ、老年期の平安という喜びも、父が手に入れることはなかっただろう。

私は今では八〇歳を過ぎて、（後述するが）人生の新たな段階に入り、父の老後――聖書を理解できなかったときであり、教会の優先順位を著しく低く置いていた現役時代のあとに続く日々――の質について折にふれ深く考えてきた。結論として、そうしたことすべてを考え合わせてなお、父は敬虔な人だったと私は思っている。さらに言えば、平和を愛するどのような文化においても敬虔な人として目されるだろう。根底にある敬虔な気持ちが、父の平安の源だったのだと思う。また、一生の間ずっと、優れた魂に支えられていた人だったのだろうと、今では思っている。

父も祖父も、私が生まれ、二〇歳になるまで過ごした町で生涯を暮らし、父は私がその町に住むことにしなかったのをとても残念がっていた。私は二二歳のときに就職し、求められるままにどこへでも赴いた。最終的にはニューヨークに落ち着き、そこで四〇年暮らした。しかし、精神的なふるさと（ルーツ）はインディアナ州テレホートの父の生き方のなかにある。それは老いた今なお、私のなかで大きな部分を占めている——テレホートを離れて六〇年以上が経ち、父が暮らしていた頃とは町の様子ががらりと変わってしまっているとしても。テレホートで父と暮らした二〇年間が私の人格形成期であり、その日々はずっと私とともにある。老境に入ってそうした精神的なふるさとを実感できないとすれば、その人たちを気の毒に私は思う。

マルカム・カウリーの『八十路から眺めれば』（草思社）で述べられていることは、私の経験からいって真実であるように思われる。老いをテーマにした文学作品の多くが、もっと若い、つまりまだ老年に達していない人によって書かれていることも、老いを実感させる一定の年齢に達するまでは、老いがどういうものかを正しく理解することはできないことも。私は、今持っているような見方を人生に対して自分が持つようになるとは、思いもしていなかった。ただその見方を、若い人が聞いてよかったと思うようなかたちでは伝えられないかもしれない。いや、同年代の人に対してもできないかもしれない。私くらいの年齢の人はもっと若かった頃と同じくらい互いに違っているからである。老年になるとみなそれぞれに経験の総括に入り、みずからのルーツを、今の自分をつくりあげたありとあらゆるルーツを調べ、理解するのかもしれない。

私は、ロバート・ブラウニングの詩「ラビ・ベン・エズラ」の冒頭について、長い間考え続けてきた。

老いゆけよ、我と共に！
最善はこれからだ。
人生の最後、そのために最初も造られたのだ。
――『老いゆけよ、我と共に』（手島郁郎著、キリスト聖書塾、一九八一年）より引用

私と同年代の、関節炎を患っている友人が先日この詩を引用し、最後にこう言った、「ばか

ばかしい！」私も関節炎に苦しんでいたなら、同じ反応をしたかもしれない。幸いその苦しみは免れているため、ブラウニングの言う最善とは何だろうと考え続けている。いや、そもそもブラウニング自身、それが何なのかわかっていたのだろうか。

始めて久しい瞑想は、年齢を重ねるにつれて私の生活の中心になり、日ごろ最も時間をかけるものになっている。超越瞑想と仏教の瞑想を習ったが、今は独自に行っている。どんな公式な礼拝より個人的に行う自分の瞑想のほうが性に合ってもいる。また、一人でいることを、年をとるにしたがい、いっそう大切に思うようになっている。世を捨て、完全に孤立して暮らすことはないと思うが、人とふれあうことを極端に制限しており、その傾向はますます強くなってきている。妻と私は、話し合ったわけでなく自然に、ほとんど会話を交わすことのない関係を築いている。一緒にいることを楽しみ、ふたりだけで過ごすことを大切にしている。ふたりとも、気晴らしに遊ぶ必要を感じず、もう一度若くなりたいとも思っていない。

読書はするが、以前に比べればはるかに少ない——目は今でもよく見えているのだが。ほとんどが昔読んだものの再読で、いつも新たな意味を見出し続けている。

七五歳のとき、仕事はまだ続けていたが、講演するのはやめた。八〇歳になると会議に出るのをやめ、旅行もやめた。車を使うのは日々の買い物に行くときだけになっているが、もうじきそれもやめるだろう。

七三歳のときに、妻と私はサービス付き高齢者向け住宅に入居した。こんなふうに高齢者だけを集めて、若い人と接する機会を制限するのがよいことだとは思っていない。高齢者にとっても若い人たちにとっても、マイナスにしかならない。それに、いつか人々が、もっと教化されて、コミュニティで暮らしその価値がわかるようになったら、私が今暮らしているような場所はきっと見向きもされなくなるだろう。

私たちがここに住むことを選んだのは、選べるなかで最もよいものだったからだ。もっとも、今もし選択するとしても、やはりここを選ぶと思う。運営しているクエーカー教徒たちは誠実で、適切なサービスを提供してくれている。現場のスタッフは親切で思いやりがあり、理事会（トラスティ）もこの施設が破綻することのないようしっかりやっている。こういう場所としては、平均よりはるかに上と言えるだろう。献身的な理事会には心から感謝している――私が人生最後の何年かを過ごすこの場所を、申し分のないものにしてくれていることに対して。

ほかの居住者たちとは仲良くするよう努めているし、食事をときどき共にする人たちもいる。ただ、妻と私は、長い時間のかかるお祭り騒ぎやゲームをすることや珍しい場所へ行くことは明確に避けている。私が交流しているのはほとんどが、私の勤め先だった会社とは違うところで仕事をしている、もっと若い人たちだ。私には彼らの喜びや悲しみがよくわかるし、世俗のものごとから一歩引いた思索の多い生活をもとに、何か価値のあることを彼らに伝えられると思っている。彼らもまた、私に多くを与えてくれる。八三歳にして、年下の現役の人々と付き合えるのはまさに幸運であり、彼らには本当に感謝している。

折にふれ、年をとるとはどういうものかと尋ねられる。それについて少し話し合うこともある。きちんと文章にできるかどうかわからないが、やってみることにしよう。

今にして思えば、私が最も活動的で多くを生み出したのは六〇歳から七五歳にかけての時期だった。遅咲きだったということではなく、四〇歳から六〇歳までは第二のキャリアへ向けて意識的に準備をしていたということであり（詳細は後述する）、おかげで本当に素晴らしい仕事を持つことができた。また、六〇歳で始めたその新たな仕事は、官僚的な巨大企業に、規律を守る組織型人間として勤めた三八年が土台になっていた。規律正しい生活が指す意味にはさまざまなものがあるが、私がその組織で経験したような種類の規律正しさは、あの素晴らしい第二のキャリアにとって決して欠くことのできないものだった。そうした規律正しさを、苦楽両面で長期にわたって経験せずに暮らしている人は、何か重要なことを逃しているように私には思われる。

私は特別「エネルギッシュ」な人間であったことはないが、七五歳のときに、ペースを落とすべきだという明確なサインがいろいろあった。ペースを変えることを、私は喜んで受け容れた。日常茶飯だった出張や旅行もぱたりとやめた。ある意味、これは第三の、地味な仕事の始まりと考えてもいいかもしれない。八三歳の今、私はいくらかものを書き、思索にふけり、何人かの人に会い、ときには現役で仕事をしている人に手紙を書いて行動や考えについてなにがしかの提案をしている。もっと活動的だった昔の日々を懐かしいと思うことはない。

数年前、きりのよい八〇歳を迎えたことには特別な意味があったように思う。妻と私のために子どもたちがひらいてくれたパーティーがそれは盛大で、重要なことが起きたのを実感しないわけにはいかなかった。

やがて、人生に対する見方が変わっていった。永遠に生きられないことはむろんわかっていたが、八〇歳を過ぎると同時に、「カウントダウン」の段階に入ったことを意識するようになったのだ。死が迫っていることを示すサインがそこかしこに現れたわけではなく、私はゆっくりと、いっそう世俗のものごとから距離を置くようになった。それは、それまでとは違う新たな段階の始まりであり、転機となる明確な出来事はなかったものの、その距離の置き方たるや、六〇歳で現役を引退して第二のキャリアを始めたときよりも、あるいは、七五歳になって出張や旅行をやめたときよりも、みごとなまでにきっぱりとしたものだった。

自分がもはや、積極的に活動することによって世の中に奉仕できないことにはすでに気づいていた。しようとしても、邪魔になるだけだろう。今では、最高の奉仕はただそこにいることであると受け容れるようになっている。七五歳で出張や講演をやめるという大きな変化のあったときには新たなキャリアの始まりだと感じたが、それはそういうものではなかった。もう、登るべき山はない。書くことを中心にちょっとした仕事は続けていくかもしれないが、何かを「生み出す」ことはない。仕事をやり遂げようがやり遂げまいが、それは、かつてのようには、もはや重要ではないのだ。

日刊紙には目を通すが、ラジオやテレビのニュースに耳をすますことはめったにない。腰を据えて調べるわけにはいかないものだからである。私はじっくり考えるのが性に合っており、今では自分の沈思黙考を奉仕だと思っている。どういうわけか、人が静かにかつ穏やかに深く考えたことは、文化を伝え、豊かにする。私はほかの人たちがそんなふうに考えたその成果を感じているのだ。

自分の人生を振り返って考えたり総括したりすることにはあまり関心がない。過去のものごとを記憶から引っぱり出すことはあるが、あくまで今の自分についての考えを明確にするためだ——私は今ある自分を常にしっかり把握したいのだ。過ぎたことをくよくよ考えたりはしない。ミスや失敗や苦悩はいろいろあったが、それらを経験した頃の生活は今の私からは完全に切り離されており、まるで他人の人生の記録であるかのように距離を置いて、私はそれらを思い返す。

八〇歳を過ぎた今の時期と、自分はまだ現役だ、働いているのだと思っていたもう少し若かった頃とを比べていちばん違うのは、ごく最近になるまでは未来があったことだ。過去としての現在に、究極的にはつながる未来である。しかし今は、未来はないし、実を言えば過去もない。あるのはただ、他人の過去といってもいいような経歴だけだ。「今」しかないのである。もしかしたらこれが、ロバート・ブラウニングが明言した「最善」かもしれない——過去の記録という重荷から解放され、未来に無関心になり、若い頃のエネルギーや情熱がもはやないことを受け容れて、ようやく、今この瞬間を十分に生きられるようになることが。この境地に、老いを迎えた父は到達したのだと思う。父は私に、安らぎの気持ちと、自分自身や世界と折り合いよくやっていくことを伝え、私はその境地を、父が他界して三四年後、八〇歳になって受け容れることができた。私の人生について述べているこの章を、私はこれまでの章と同じくらい有意義だと思っている。父の人生が今なお続いていることを、かつてないほど強く感じてもいる。

ただ、忘れないうちにこのことを言っておきたい。最近そんなふうに変わったからといって、ほとんどいつも気分はよいものの、この上ない幸福感に包まれることはない、と。私は積極的に社会にかかわることから身を引き、高齢者向け住宅で暮らしている。そのため、不満や苛立ちを感じさせられるありがちなものごとは、大幅に少なくなっている。ただ、そういうことが、時折とはいえ起きたとき、私は昔とほとんど変わらない反応をしてしまう。

八〇歳になって人生で最も平安な一年を過ごした父は、偉大な人々が少ないために起きている私たちの町の悲劇を嘆いていたにちがいない。そして、今や八三歳になり、父よりずっと広い世界観を持っている私はこんなことを嘆いている。自分を有能で誠実で献身的だと思っている人や、ビジョン——自分がどんなもっと大きな役割を果たせるか、自分が影響をもたらす組織がどんなもっと大きな奉仕を行えるか、といったことについてのビジョン——に対応しようとする人が、あまりいないと思われることを。

多くの人が、今よりはるかに奉仕し合う社会を築いたり導いたりする能力や気力を持っているし、そうした人たちは、機会を活かしさえすれば、もっと充実した人生を送れるはずだ。欠けているのはおそらく魂だが、彼らは年をとったときどんなふうになるのだろう。まだ見ぬ「最善」を見出せるのだろうか。この章の冒頭で私は、魂を定義することはできないと言った。

しかしここに至るまでに、合理的な定義を超えた意味を、人間の魂に与えようと努力してきた。先にも述べたが、今にして思えば、私にとっては六〇歳から七五歳までがある意味、最も活動的で多くを生み出した時期だった。理由の一つは、四〇歳から六〇歳までの間に老後へ向けて意識的に準備をしていたことである。

四〇歳くらいのときに、当時はラジオの解説者をしていたエルマー・デイビスの論文を読む機会があった。六〇歳過ぎに心臓発作を起こしたデイビスは、ペースダウンして、以前よりじっくり考えるようになり、やがて『老人を活用する』という小論を書いた。

その小論で、彼は次のように主張を述べている。老人が大いに役立つのは、経験豊かな人生のベテランだからというだけでなく、老人であればこそうまくできる重要なことがあるからだ、と。道が一つとは限られていないか、あるいは若者が引き受けるにはリスクがありすぎるか、理由はそのどちらかである。さらにデイビスは次のような忠告もしている。若者は、老人になることを、老いさらばえて世の中から放り出されてしまうことではなく、人の役に立てる素晴らしい機会と考えて楽しみにし、その準備をすべきだ、と。このメッセージは私の心に強く染みとおり、おかげで、六〇歳から始まる第二のキャリアに向けて準備を始めようと決心をし、応用倫理学センターを設立することができたのだった。

四〇歳までは、仕事もボランティア活動もまずまずうまくいっていた。しかし、たぐいまれな才能に恵まれているわけでも特別な高い能力を持っているわけでもなく、したがって六〇歳になったときに何かの専門家として引く手あまたでないことはわかっていた。第二のキャリアとすべき具体的な職業を思い描けないなら、では一体どんな準備を私はすればいいのか。

人生の計画を立てることには、昔からあまり関心がなかった。大学を卒業するときには、大企業に入るという目標を持っていたが、チャンスが訪れ、やる気に従って仕事をすれば、キャリアを積んでいけるだろうと思っていた。

そんなやり方でも四〇歳まではうまくいっていたので、改める必要はなかった。私はただ、(生きていれば)第二のキャリアを始めるだろう六〇歳という年齢をめざすだけでよかったし、それまでは少しずつ成長し、まだ具体的になっていない何らかの仕事の準備をするのを忘れずにいればよかった。自分の老いがどんなものになるのかも、どう対応すればいいのかも、私にはわからなかった。「成り行きに任せる」が、その頃までの私のモットーだったのだ。明確にそんなモットーを掲げていたわけではないが、現実として、四〇歳までに徐々にしたような前進を、自分はよいと思い、加速させようとしていたのだった。朝が来て目が覚めたときに「老いを迎える備えとして、今日は何をするか」などとは考えたこともない。実際、成り行き任せの道を歩み始めてしまうと、老いへの備えについて考えることはほとんどなくなった。やがてそれが当たり前の日常になったが、そんな日々でも、数々の可能性があった。

変わったのは、視野を広げ自己理解を深めてくれるようなさまざまなことを、以前より大胆にやってみるようになったことだ。そして今、はっきり言える。私は六〇歳を迎えたとき、自分を役立てる準備をしっかり整えられていた。また、四〇歳のときには予測できなかった興味深く取り組みがいのあるチャンスが、引き受けられる以上にあふれていた、と。

私は自分のことを語るのが好きではないので、そうした考えを話したのは妻だけだった。妻は理解し、認めてくれる。しかし友人や仕事仲間に話せば「変わった奴」と思われるにちがいなかった。私がしていたことが型破りだったからである。会社の上司が私の扱いに少々戸惑うことがあるのも明らかだった。給料はよかったので、私のことを貴重な人材だとは思ってくれていたのだろう。しかし何にとって貴重だったのか？　彼らは戸惑いを解消するために、五〇歳の私をマネジメント研究センター長に任命し、専門スタッフを雇うのに十分な予算を割り当て、さまざまな特権を与えて、この大会社のマネジメントに関して、とりわけどうすればトップの構造がうまく機能するか（あるいはうまく機能しないか）に関して研究と助言をさせることにした。

この会社での最後の一〇年は、ほかのどんな重要なポストに就いていたときより、老いに対する備えをするのに意義深いものになった。会社にいるときもそれ以外のときも空いた時間を使って私は、自分がした選択が会社での自分の最後の役割にどのように貢献するかを考えた。しかし安楽に過ごせたわけではなかった。特権と責任と予算は得たものの、官僚的な人たちの理解は得られず、私は組織のありとあらゆるところで衝突した。ただこれも、曖昧さを受け容れられるようになるための準備になったし、第二のキャリアにおいて私によい結果をもたらしてくれた。私の退職と同時に、そのポストは消滅した。私には後継者を育てることができなかった。その地位に就く人は私と同様に準備をする必要がある。しかし誰ひとりそれをする人はいなかった。

今こうして自分の経験を書きながら私が願っているのは、ほかの人たちが老いへの備えを、不確かなものに向き合う準備を、自分なりにしていこうと思うようになってくれることだ。そうした準備は、賢く行えば、有意義な老後を過ごすのに役立つだけでなく、私がそうだったように、準備している長い日々を豊かで楽しいものにしてくれるだろう。

今でも覚えているが、明らかに準備をしていない同い年の同僚が、ある朝オフィスに入ってきて、私の机の前に腰掛け、しばし苛立たしげに煙草を吹かしたのちに、こう言ったことがある。「俺は静かに絶望しながら生きている！」その後、ともに退職したある朝には、私の妻に電話をかけて、どうすれば私がしているような仕事を始められるのかとアドバイスを求めた。

また、退職を知らせてほどなく、子会社の社長で稼ぎも地位も申し分ないある近しい友人と昼食をともにしたときには、あと数年で退職するが、そのときどうすれば私がしているような仕事に就けるだろうかと尋ねられた。私は可能なかぎり穏やかにこう言わざるを得なかった、「もう無理だよ」

ゴルフや魚釣りや市民コーラス三昧の老後を送るつもりなら、何も準備する必要はないかもしれない。しかし、しっかりした判断力がある間は創造的な、若い頃とは違う生き方をして向上していきたいと思うなら、私の経験を見てもらえればわかるとおり、備えをするのが賢明だ。

会社で最後の数年を過ごす間に、私はビジネススクールで講義をした。会社での自分の役割について話すと、一部の学生が目を輝かせ、ある学生は「それです、そういう仕事がしたいんです」と言った。私はこう答えた、「この仕事をする地位を得るのに、二五年かかったことを忘れないように」。返ってきたのはこんな反応だった、「冗談じゃないですよ。六カ月ならともかく、二五年だなんて！」（大半の学生にとって、生きてきたのと同じ長さだ）。

私はよく次のように話して答えた。「それほど長くはかからずに同じことができる人もいるでしょう。しかし、体系化されていないこのような役割に必要な信頼は、じっくり時間をかけて築く必要があります。私には特権がありますが、それは会社に、必要としているものがあり、正確には定義できない痛みを感じているからです。そして責任ある立場の人たちは、私が害ではなく益となる行動を模索し、実行することを信じています。そうした信頼は深くなければならず、一朝一夕に得られるものではありません。どんな仕事をしていくのであれ、厚い信頼を確立したいなら、そのように信頼してもらえるよう機会を活かして準備する必要があります」。

こうした考えを実行に移すのは若者にはなかなか難しいが、きわめて重要なことである。

私が四〇歳から六〇歳までにした準備について詳しく説明しても、ほかの人の役には立たないだろう。どんな人も、自分の進路は自分で決めなければならないのだ。ここでは私のケースを簡単に紹介し、想像力を広げて注意を怠らなければ——先述したふたりの知人がしようとせず、おそらくはする勇気を持っていなかったことだ——得られるだろうさまざまなチャンスを示そうと思う。

私が老後へ向けて準備しようと決心したのは、第二次世界大戦が終わろうとしていた頃だった。民間航空機での旅行が再開されたときである。私は仕事関連の移動では決して飛行機に乗るまいと固く心に誓った。速く行きたいとは思わなかったのだ。鉄道で十分事足りたし、列車の旅が好きでもあった。しかし最大の理由は、その折に生まれる熟考の時間がなにものにも代え難かったことだ。当時からそんなふうに考えていたわけではなかったが、今にして思えば、深く考えるその時間は、長いものも短いものも、いつも私にはとても貴重だった。議論が白熱しているときには、建設的なプロセスを展開できるよう、ほんの何秒か沈黙することがときにきわめて重要になる。同様に、素晴らしいアイデアが進展するためには長時間にわたって深く考えることが必要であり、その時間を確保するのに私にとっては列車に乗ることが最良の方法である場合が少なくなかったのである。

重要なことを、読書から学ぶことはめったにない。私は読むのが遅く、読書するのは一仕事なのだ。四〇歳から六〇歳までは、たいていのことを人々と話をするなかで学んだ。考えを整理して得るのと同じくらい多くのことを耳から得ていたので、話を聞くのは重要だった。そうして出会ったのは、人と話すのが好きだという人々、私とは違うものの見方を持ち、私の考えを広げてくれる人々だった（最後の一〇年間はとくに、私には話すべきことがたくさんあった）。

二年にわたって週に一度ユング派の精神分析医に（男女それぞれの分析医に一年ずつ）会い、夢を分析してもらったこともある。おかげで自分の内面について深く意識できるようになり、創造性も高まったと思う。

さまざまな組織と本当に密接な関係を築くこともできた。メニンガー財団（精神医学）、アメリカ空軍、キリスト教会全国協議会、それに数社の大企業である。また、大学関連の学校で初めて教壇に立ち、七回にわたって夏の日々に経営者たちに対して話をしたこともあった。

こうしたことすべてのなかで最も重要だったのは、人々との関係だった。AT&Tでのキャリアの終わり頃に、私は企業の倫理規範に関心を持つようになり（地位のある一部の人たちの不興を買うのを承知で）、結果としてカトリック、ユダヤ、プロテスタントのセミナリー（神学校）の倫理学教授と親しくなった。友人同然の付き合いをするようになった人たちもあり、ラビのアブラハム・ヨシュア・ヘシェルとはとくに親交を深めることができた。

私は学者ではないし、この時期の仕事に関してはほとんど本を読まなかったが、例外が二つある。まず、AT&Tの歴史についてかなり深く研究した。会社のオフィスにいたので、さまざまな記録を見ることもできた。私は幹部たちに、どの重役なら一九八四年の分割から会社を救えたかもしれないかを知ってもらい、会社の豊かな歴史に関心を持ってほしいと、固い決意で努力した（思うようにはいかなかったが）。読書に関するもう一つの例外は、キリスト友会の歴史について多読したことだ。これは退職後、『フレンズ・ジャーナル』（クエーカー教徒向けの優れた月刊誌）に定期的に寄稿する際に役立った。自分が深くかかわっている組織の歴史を知るという、この二つの例外的な読書のおかげで、著名な歴史家の「歴史から学んだ重要なことは、歴史から学んでいないということだ」という言葉が裏付けられた。また、自分も一員である組織の歴史に深い関心を持つことは長年にわたる準備にとって重要な要素になったし、そうした読書は楽しい時間にもなった。

先述した私と同い年のAT&Tの同僚二人は退職後、向かうべき方向を見失ってしまった。老後の準備をするチャンスは私と同じだけあったはずであり、私がしたような準備をしていれば、もっと楽しい生活を送れただろう。どちらも私より頭がよく、一人はファイ・ベータ・カッパ（全米優等学生友愛会）のメンバーでもあったほどだが、私が四〇歳のときに聞いたようなサインはどうやら二人には聞こえなかったらしい。私は四六時中サインを聴こうと耳をすませていたし、それは今もだが、もしかしたら彼らはそんなふうには耳をすませていなかったのかもしれない。退職後、二人が長生きすることはなかった。

自分が行った準備について詳しく話しているからといって、それがほかのすべての人にとって適切であるとも可能であるとも言っているわけではない。ただ、これだけは確信を持って言える。備えるべきこととして自分の老後を考える人はみな、どのような準備をするのであれ、そのように考えなかった人より豊かな老いを生きられるだろう、と。才能や機会の大小にかかわらず、私はこうアドバイスする――準備をしなさい！と。

たぐいまれな才能を持つ人々は、最後の最後まで才能を活かしたいという衝動に駆られないようにしたほうがいい（そうしたいと考えることはあるとしても）。そういう人はときに、活かせるはずだと独り決めして、苦労しながら人生を生きていくことがあるのだ（客観的に見ればとてもうまくやっているとは言えないときに、心優しい友人が、うまくやっているよと請け合うこともある）。ちょうど、一世代前の指導的な立場にあった神学者の伝記を読み終えたところだが、彼は並外れた才能を持っていた。しかし老いが迫るにしたがい健康を害し、以前のように才能を活かせないと苛立ちながら不幸な日々を過ごすことになった。彼は準備するのを怠ったのだった。

そういう人にとって、十分な準備とは何を意味していたのだろう。私には想像することしかできない。ただ、成熟しつつあることを示すサインの一つは、人生のはかなさを受け容れ、それまでと違う状態になることをたとえどういう状態であれ引き受け、さらにギルバート・K・チェスタトンの「（人生の）野生が待ちかまえているのである」という警告を事実として認められるようになることではないだろうか。それは病気や不安になるほど思いつめることではなく、常に注意を怠らず、ここぞというときに迅速に対応することだ。成熟すると、常に危険にさらされていることを無意識に認識しながらも、心静かに暮らし、ぐっすり眠れるようになるのである。老いへの準備として最も重要なのは、退職して生活が一変するときが来ることを、若いうちから認識しておくことかもしれない。退職後にこそふさわしい第二のキャリアを楽しみにするなら、それに向けた変化を――変わる気があるなら――そうできるだけのエネルギーがあるうちに起こすこと、その準備をすることが重要だと思われるのだ。

老後というのは、誰もが知っていて、しかしそれに向けた準備を怠ってしまう人がいる、そういうものかもしれない。備えることで得られるメリットは、どのように健康を損ねたとしても、冷静な判断力があるかぎり充実した人生を送れる点だ（判断力がなくなってしまったら、意味はない）。つまり、老いに伴うものごとへの備えは、「勇気」の欠如によって妨げられるということなのだろう。勇気とは、パウル・ティリッヒが「生きる勇気」と呼んだもの、常に注意を払い、困難や苦悩や不安に絶えずさらされつつも心穏やかに生きる勇気である。そうした勇気が欠けていると誤った安心感が生み出されてしまい、老いに直面して、フォスディックが「人生を見通す力」と呼ぶものが自分にないとわかったときに、全く安心できなくなってしまう。ひいては、老いを迎えたときに、平安――若いうちから備えることで初めて得られるものの一つ――を手に入れられなくなってしまうのではないだろうか。

人生のどの時期においても、サインは常にたくさんある。人生を豊かにする考えに、気づかせてくれるサインである。ただし、聞こえるのはいつも、そうしたサインに油断なく気を配っているときだけらしい。問題は、気を配っていると、圧倒されるほど多くのサインがあることがわかり、どれを心に留めるか選ばなければならないことだ。現在のところは、人生のどの時期であれ、瞑想するのが有効だろう。瞑想しているときのほうが、合理的・内省的なプロセスが充実するだけでなく、私たちが現実と呼ぶものの向こう――障壁によって隔てられている神秘――からの合図に、おそらくより敏感になれるのである。ひょっとするとユングは、瞑想しているとき私たちは集団的無意識を活用する、と述べているのかもしれない。瞑想中には、夢で見るものと同じものが現れる場合がある。すると、意識的な思考において、常に次のように問いかけられるようになる。「このサインを送った私の無意識は、サーバントとしての心のあり方から行動しようとしているだろうか」

私は四〇歳のときに、エルマー・デイビスから「今から老後に備えよ」というサインを聞き取り、彼こそ本物のサーバントだと思ってアドバイスに従った。あれから四三年、さまざまな経験を重ねた今、その判断は正しかったと思っている。私はエルマー・デイビスにも、父にも、大勢の本物のサーバントにも、感謝している。彼らは、アドバイスを与えることによって、また手本となることによって、私を支えつづける魂という贈り物を与えてくれた。老後は、魂が試される究極の場なのである。

七〇年前にボーイスカウトで教わったことで、今なお記憶に鮮やかなのは、標語の「備えよ常に」だ。この言葉に、私はいつも感謝している。

E・B・ホワイトの「これまでに見てきた美しいものの記憶があれば十分だ」という言葉にも感謝している。そうした記憶は常に私とともにあり、そして今後はもう、見る必要はない。

ロバート・K・グリーンリーフの著作

"Abraham Joshua Heschel: Build a Life Like a Work of Art," *Friends Journal*, 1973, 19(15), 459-460.
Advices to Servants. Indianapolis: The Greenleaf Center, 1991.
"The Art of Knowing." *Friends Journal*, 1974, 20(17).
"Business Ethics—Everybody's Problem." *New Catholic World*, 1980, 223, 275-278.
"Choose the Nobler Belief." *AA Grapevine*, 1966, 23(5), 27-31.
"Choosing Greatness." *AA Grapevine*, 1966, 23(4), 26-30.
"Choosing to be Aware." *AA Grapevine*, 1966, 23(1), 26-28.
"Choosing to Grow." *AA Grapevine*, 1966, 23(2), 11-13.
"Community as Servant and Nurturer of the Human Spirit." *Resources for Community-Based Economic Development*, 1986, 4, 9-11.
Education and Maturity. Indianapolis: The Greenleaf Center, 1988.
Have You a Dream Deferred? Indianapolis: The Greenleaf Center, 1988.
The Institution as Servant. Indianapolis: The Greenleaf Center, 1976.
The Leadership Crisis. Indianapolis: The Greenleaf Center, 1978.
Life's Choices and Markers. Indianapolis: The Greenleaf Center, 1986.
Mission in a Seminary: A Prime Trustee Concern. Indianapolis: The Greenleaf Center, 1981.
My Debt to E. B. White. Indianapolis: The Greenleaf Center, 1987.
Old Age: The Ultimate Test of Spirit. Indianapolis: The Greenleaf Center, 1987.
On Becoming a Servant Leader. San Francisco: Jossey-Bass, 1996.
"Overcome Evil with Good." *Friends Journal*, 1977, 23(10), 292-302.
Robert Frost's "Directive" and the Spiritual Journey. Boston: Nimrod Press, 1963.
Seeker and Servant. San Francisco: Jossey-Bass, 1996.
Seminary as Servant. Indianapolis: The Greenleaf Center, 1988.
Servant Leadership. New York: Paulist Press, 1977. ［ロバート・K・グリーンリーフ著『サーバントリーダーシップ』金井壽宏監訳，金井真弓訳，英治出版，2008 年］
The Servant as Leader. Indianapolis: The Greenleaf Center, 1991.
"The Servant as Leader." *Journal of Religion and the Applied Behavioral Sciences*, Winter 1982, 3, 7-10.
The Servant as Religious Leader. Indianapolis: The Greenleaf Center, 1983.
Servant: Retrospect and Prospect. Indianapolis: The Greenleaf Center, 1980.
Spirituality as Leadership. Indianapolis: The Greenleaf Center, 1988.
Teacher as Servant: A Parable. Indianapolis: The Greenleaf Center, 1987.
"The Trustee and the Risks of Persuasive Leadership," *Hospital Progress*, 1978, pp. 50-52, 88.
Trustee Traditions and Expectations." In *The Good Steward: A Guide to Theological School Trusteeship*. Washington, D.C.: Association of Governing Boards of Universities and Colleges, n.d.
Trustees as Servants. Indianapolis: The Greenleaf Center, 1990.
"Two More Choices." *AA Grapevine*, 1966, 23(3), 22-23.

本書の小論について

「はじめに」は、ラリー・C・スピアーズの過去の著作、とりわけ『リーダーシップについての考察』(*Insights on Leadership*, John Wiley & Sons) の序文を編集したものである。

「第1章 サーバント」は、1980年に発表された。

「第2章 教育と成熟」は、1962年に発表された。

「第3章 リーダーシップの危機」は、*HUMANITAS: Journal of the Institute of Man* (Duquesne University, Vol.14 No.3, November, 1978) に掲載された。

「第4章 夢を先延ばししていないか」は、1967年に発表された。

「第5章 老後について―魂が試される究極の場」は、1987年に発表された。

［著者］

ロバート・K・グリーンリーフ
Robert K. Greenleaf

1904年～1990年。企業人としての人生の大半をAT&Tで過ごし、マネジメント、リサーチ、開発、教育の分野に携わった。同社でマネジメント研究センター長となったあと、退職直前にマサチューセッツ工科大学スローン・スクール、ハーバード・ビジネススクールの客員講師に任命され、またダートマス大学とヴァージニア大学でも教鞭を執った。さらに、多くの企業、財団、学校などでコンサルタントを務めた。生涯にわたって組織研究を行い、観察した結果を一連の小論文や書物、ビデオテープなどの形で発表している。他者へのより深い思いやりを持った、よりよい社会を築くための考え方や行動を促すことを目的とし、リーダーを「サーバント」としてとらえることをテーマとしていた 。著書に『サーバントリーダーシップ』（英治出版）。

［原書編集者］

ラリー・C・スピアーズ
Larry C. Spears

ロバート・K・グリーンリーフ・センターのCEO（1990年～2007年）として、サーバントリーダーシップの普及活動に尽力。『サーバントリーダーシップ』（英治出版）ほか、サーバントリーダーシップに関する小論集、グリーンリーフの著作を編集。ロバート・K・グリーンリーフ・センターだけでなく、ファンドレイジング・エグゼクティブズ協会、世界未来協会、米国団体役員協会のメンバーでもある。グリーンリーフ・センターにかかわる前は、フィラデルフィア・フィロソフィー・コンソーシアムの責任者や、五大湖私立大学連盟フィラデルフィア・センターのスタッフを務めた。

［訳者］

野津 智子
Tomoko Nozu

翻訳家。獨協大学外国語学部フランス語学科卒業。主な訳書に、『シンクロニシティ【増補改訂版】』『チームが機能するとはどういうことか』（ともに英治出版）、『仕事は楽しいかね？』（きこ書房）、『グレートカンパニー』（ダイヤモンド社）、『スタンフォード・インプロバイザー』『外資系キャリアの出世術』（ともに東洋経済新報社）、『夢は、紙に書くと現実になる！』（PHP研究所）、『5つのツール』（早川書房）などがある。

● 英治出版からのお知らせ

本書に関するご意見・ご感想を E-mail (editor@eijipress.co.jp) で受け付けています。また、英治出版ではメールマガジン、ブログ、ツイッターなどで新刊情報やイベント情報を配信しております。ぜひ一度、アクセスしてみてください。

メールマガジン：会員登録はホームページにて
Web メディア「英治出版オンライン」：eijionline.com
ツイッター：@eijipress
フェイスブック：www.facebook.com/eijipress

サーバントであれ

奉仕して導く、リーダーの生き方

発行日	2016 年 2 月 25 日 第 1 版 第 1 刷 2022 年 8 月 20 日 第 1 版 第 3 刷
著者	ロバート・K・グリーンリーフ
訳者	野津智子（のづ・ともこ）
発行人	原田英治
発行	英治出版株式会社 〒150-0022 東京都渋谷区恵比寿南 1-9-12 ピトレスクビル 4F 電話 03-5773-0193 FAX 03-5773-0194 http://www.eijipress.co.jp/
プロデューサー	山下智也
スタッフ	高野達成 藤竹賢一郎 鈴木美穂 下田理 田中三枝 安村侑希子 平野貴裕 上村悠也 桑江リリー 石﨑優木 渡邉吏佐子 中西さおり 関紀子 齋藤さくら 下村美来
印刷・製本	大日本印刷株式会社
校正	小林伸子
装丁	英治出版デザイン室

ISBN978-4-86276-215-3 C0034 Printed in Japan